「国際協力」をやってみませんか?
仕事として、ボランティアで、普段の生活でも

山本 敏晴
(特定非営利活動法人 宇宙船地球号)

Interested in international cooperation work?
As a career, volunteer, or in daily life

ブックデザイン　奥冨佳津枝（奥冨デザイン室）

はじめに──世界を変える「強さ」を手に入れること

「どうやったら、国際協力の世界の全貌を、わかりやすく伝えられるかなあ？」
毎日、そんなことを考えていましたが、ある日、次の方法を思いつきました。それは、国際協力のことなど全く何も知らない初心者に対し、1対1で説明する、それを会話形式のまま本にしてしまう、というものでした。

その初心者は、だれでもよかったのですが、方言の話せる子を選ぼうと思っていました。要するに、会話形式の文章の中で、標準語を話すのが私（山本）で、方言を話すのが「その初心者」。そのほうが、読者が読みやすい（読んでいて、会話の差別化をしやすい）と思ったのです。

そこで、別件で知り合った、「早紀」という女性が、①国際協力に興味はあるが、②全く知らず、③博多弁と佐賀弁の中間の方言を話すことが判明したため、彼女に今回の本の「相手」をお願いした、という次第です。

早紀は、最初、国際協力に対して、自分なりの「きれいな」イメージをもっており、その空想の世界の中で、自分が途上国の人々を助けることを夢想していました。ところが私の話を聞いているうちに、国際協力の世界は、早紀が思っていたような世界ではなく、「汚い」側面もあることを知っていきます。そして一度、早紀は、国際協力の世界に絶望します。

「わたしには、できない……。思っていたこととちがう」と。

それでも、「世界を救いたい」という想いがある早紀は、あきらめず、勉強を続けていきました。

その結果、最終的には、今日本で自分にできることや、将来世界でやってみたいことを、見つけ出していきます。「現実の困難さ・汚さ」から目をそむけず、現在、「可能な選択肢」の中で、最善の行動を選び出していける「強さ」を手に入れていくのです。世界を変えるための強さが、早紀の中に宿っていく、その過程を、一緒にご覧いただければ幸いです。

そして、いつかきっと、あなたも。

「国際協力」をやってみませんか?
仕事として、ボランティアで、普段の生活でも

目次

はじめに――世界を変える「強さ」を手に入れること ……… 3

第1章 いつ、国際協力をやるのか？ ……… 9
いつやると思いますか？／自然災害と戦争が起きた時の緊急援助／普段から行う、未来をつくる開発援助／180度逆の、2つの国際協力／まとめ

第2章 だれが、国際協力をやるのか？ ……… 17
ボランティアとは？／青年海外協力隊とは？／アフリカの医療支援の具体例／途上国に行ってやるのだけではない／国際協力をする5種類の組織――①国連／②政府／③民間／④企業／⑤宗教

第3章 国連・政府・民間NGOの表と裏 ……… 49
各団体と、緊急援助と開発援助の関係／有給と無給／考える人・つなぐ人・やる人／国連の「考える人・つなぐ人・やる人」／そもそも、国連って何？／政府の「考える人・つなぐ人・やる人」／民間の「考える人・つなぐ人・やる人」／まとめ

第4章 どこで、国際協力をやるのか？ ……… 83
どこで、やると思いますか？／インターネット上で、国際機関のもつ情報を得る／その途上国政府や地方自治体がもつ情報をもらう／地元の有力者の意見を聞く／社会的弱者から話を聞く／統計調査、アンケート調査／そもそも世界では／まとめ

第5章 何を、国際協力としてやるのか？ ……99

何をやると思いますか？／現地のニーズを調べる方法は？／国際協力の5つの分野、まず4つ／国際協力の5つの分野、最後は環境問題／世界の人口増加問題／たくさん問題がありすぎる時の、整理の方法／自己実現の欲求／問題を整理し、あきらめない／まとめ

第6章 どのように、国際協力をやるのか？ ……129

どのようにやると思いますか？／人・物・金／よかれと思って井戸を掘ったら……／自己満足はダメ／数字で結果を出す／現地文化の尊重／社会的弱者への配慮／住民の主体性／援助をしたせいで、環境問題と社会問題が勃発／開発をすると、かえって貧富の差が拡大する／フィードバックをかける、PDCA／死んではいけない、ということ／まとめ

第7章 なぜ、国際協力をやるのか？ ……165

心の核心に置く、人道主義／数字（統計指標）が世界最悪の国々／自分探しの旅／日本が迷惑をかけた国への賠償責任／日本経済を発展させてくれた世界からの支援／朝鮮戦争特需／私たちの生活と、途上国の児童労働・環境破壊／日本経済の発展のための途上国の援助／人類が地球に負担をかけている量／全てを知ったところでの感想は？／まとめ／日本のエネルギー自給率と食料自給率／新しい形の経済活動の模索／資本主義は悪循環なのか？

第8章 あなたにできることは何か？ 199
日本でやること──①環境問題／②よい企業の商品を買う／③企業の社会的責任／④募金の注意点／⑤「つなぐ人」／⑥本や現地報告会／
世界でやること──①スタディ・ツアーなど／②世界に行く場合に、早紀が心配していること／③休日などにNGO／④国際協力機構に就職／⑤国連JPOへ／⑥青年海外協力隊など／社会的企業／それぞれの団体、それぞれの方法に、一長一短がある／自分の家庭の状況、経済状況を考慮すること／まとめ

付録──チャート① 国際協力師（有給のプロ）への道 241
付録──チャート② 社会起業家への道 246
付録──チャート③ 世界を治す医師・地球を癒す看護師への道 251

おわりに──心に刻む、2つの言葉 252

第1章 いつ、国際協力をやるのか？

① いつやると思いますか？

早紀　「国際協力」っていう言葉の意味を、わかりやすく説明してほしいです。
山本　どうやって説明しようか考えたんですが、国際協力を、「いつ、だれが、どこで、何を、どのように、なぜ、するのか？」という順番で説明します。英語で言うところの、5W1Hです。まずは「いつ、やるのか？」です。早紀さんは、国際協力はいつ、やるものだと思っていますか？
早紀　いつ、どんな時にですか？　その時、目の前に困った人がいたら……。
山本　なるほど……。いい線いっていますね。
早紀　やったー‼（ピースサイン）

② 自然災害と戦争が起きた時の緊急援助

山本　国際協力は大きく分けて、2つに分かれます。1つは「緊急援助」っていって、

＊　5W1H……いつ (when)、だれが (who)、どこで (where)、何を (what)、どのように (how)、なぜ (why)

早紀 ①地震や津波など、自然災害が起こった時や、
②どこかの国で、戦争や内戦が起こっている時。
この2つの時に行う国際協力（援助・支援）の形ですね。

山本 ふーむ……。

早紀 あなたがさっき言った、「目の前に困った人がいた時にやること」というのは、まさにこれのことですね。どんなことをするのかというと、外国とかから被災地に人が来て、まずは、一番重要な「水と食べ物」を配ります。あと、寒いと困るから、服とか仮設住宅（テントのようなもの）とか。必要であれば、医療を、医師や看護師が行って、治療などをしてあげること。

山本 それも緊急援助っていうんですか？

早紀 全部、緊急援助です。

③ 普段から行う、未来をつくる開発援助

山本 それと180度、対極にあるのが、「開発援助」といいます。これは、戦争や

早紀　自然災害が終わって、国も市町村も「それなりに活動していますよ」っていうような、比較的状態の安定している時に、外国人などがその地域に来て、「必要なことは、ありませんか？」などと地元の人たちにご相談申し上げて、どんなことができるかを一緒に考えることです。
具体的には、村長さんなど地元の有力者を中心とするコミュニティー（目的をもった地域共同体）が、学校をつくりたいとか、「村おこし」のために観光客を呼ぶイベントを始めたいとか、そういう感じのことをやりたい時に、外からやってきた外国人が、「私たちに何かできることはございますか？」とご相談申し上げることをいうんです。

山本　イベントって、お祭りしましょう！　とか？

早紀　お祭りして、観光客呼んで、金儲けしましょう！　とかですね……。

山本　悪い外国人やんっ！

早紀　違う、違う。外国人がお金を巻き上げるんじゃなくて、その地域にお金を落としてもらうために、観光事業をして、観光客がいっぱい来るようにするんです。そうすれば、宿泊費も、その地域に落ちるし、飲食店なんかにもお金が落ちますし……。で、儲かっても、外国人は、その地域からはお金をもらわないんですよ。
　……これで、あなたの強欲な性格が暴露されましたね。

第1章　いつ、国際協力をやるのか？

早紀　違いますっ！　違いますっ！　カットカット！　収録中止！

山本　次にいきます。

早紀　流されたし……。

山本　とにかく、開発援助は、戦争も自然災害もない「安定した状態」のところへ外国人が行って、行う援助の形です。緊急援助の時のように、「はい、食べ物あげるよ！　医療してあげるよ！」というような、言ってみれば、外国人側の価値観で、外国人が主導して行う形ではなく、もともと、途上国の人が「こういうことやりたいな」と思っている時に、「すみません、協力させてもらえますか？」というような形で、お伺いをし、村の人が望むプロジェクトを行っていくんです。つまり、開発援助の場合は、「途上国の人たちが主役」なんです。

早紀　へぇ……。

山本　外国人は「村の人が望むこと」をお手伝いさせてもらうんです。それに対して、お金を出す場合もありますけど、お金など全然出さないで、なんらかの「技術を教える」だけの場合もあります。例えば、村の人が学校をつくりたいんだったら、その学校で将来ずっと働いていく、その国の現地人の先生を育てる必要があります。その場合、その先生になる人材（候補者）に、「どのように生徒に教育するのが効率的か」ということを教えてあげる必要がありますよね？

早紀 ……（沈黙）。

山本 こうした時に、外国人は、現地の学校の先生に対して、「どのように教育するのがよいかを教育する」んです。つまり、生徒に教育するんじゃなくて、先生のほうに教育を行うんです。

早紀 あたし、国際協力って、外国人が途上国の子どもたちに教育をすることだと思っていました……。

山本 ……たしかに、そうやん。

早紀 開発援助の場合は違います。外国人は、1か月とか、1年とか、ある一定期間が経つと、日本などの先進国に帰ってしまいますよね。すると、外国人の先生が帰った後、学校は、ただの「コンクリートの箱」になっちゃいますよね。

山本 現地人の学校の先生を育てれば、外国人が帰っちゃった後も、その先生は、未来永劫、その国でよい教育をしてくれますよね？　外国人が一時的に教育をし、やがて学校が消滅してしまうよりも、だいぶ「まし」だと思いませんか？

早紀 はい……。

山本 教育の場合だけじゃなく、村の人が希望することがなんであれ、外国人はお金を出したり、技術を……医療、建築、環境問題などを解決するための「技術」を教える。あくまで外国人は、「脇役」として。「主役」は、あくまでも途上国

側の村の人たち。こういうのを、「開発援助」といいます。

④ 180度逆の、2つの国際協力

山本　この2つ、緊急援助と開発援助は、180度、逆の性質をもっています。緊急援助のほうは、今、目の前で、人が死にそうなんだから、すぐ食べ物をあげて、医療をしてあげます。外国人が「あげる」援助をするんですが、開発援助のほうは、ずうーっと未来まで、その村に残っていく、教育や医療、環境を守るシステムをつくっていくことになるので、帰ってしまう外国人ではなく、村の人が主役となり、自分たちで将来のことを考えてやっていくことをいいます。だから、外国人は、あまり「あげない」援助をします。

早紀　なるほど……。

山本　で、「いつ、国際協力をやるのか？」ってことですが、緊急援助のほうは、自然災害や戦争が起こったら、すぐやりますよね？　開発援助のほうは、1年中ずうーっとやっています。今、この瞬間も、100か国以上で、ずっとやって

早紀　へぇーっ！

います。

第1章　いつ、国際協力をやるのか？——まとめ

① 緊急援助とは、自然災害や戦争・内戦が起こった時にすぐやる援助。
② 開発援助とは、途上国政府や地方自治体が安定している時にやる援助。
③ 緊急援助は、食べ物をあげたり、医療をしてあげたりする、「あげる」援助。
④ 開発援助は、現地の人が自分でなんとかする、あまり「あげない」援助。
⑤ 緊急援助は、外国人が「主役」で、外国人が中心になって行動する。
⑥ 開発援助は、現地の人が「主役」で、その地域の未来を考え行動していく。
⑦ 緊急援助は、命を救い、（肉体的・精神的）苦痛を減らすために行う「人道援助」。
⑧ 開発援助は、未来にずっと続けていけるような「持続可能性」が大切。

第 2 章

だれが、国際協力をやるのか？

① ボランティアとは？

早紀　山本さん、「ボランティア」って、なんなんですか？

山本　「ボランティア」とは、ボランティアをしているひとりひとりによって、その定義が異なっている、「得体のしれない言葉」だと私は思っています。語源をいうと、ラテン語という昔の言葉で、「自主的・自発的に行動すること」をボランティアといいます。自主的・自発的に行動すれば、それはなんでもボランティアだ、ということです。例えば、「カラオケ歌いたい」って思って歌えば、それはボランティアなんです（笑）。具体的に、ボランティアと呼ばれる行為が世界的に始まったのは、ヨーロッパの中世の時代でした。1つは、キリスト教の国々が、イスラム教の国々に攻め込んだ、十字軍の遠征というのがあったのですが、その時に、キリスト教の軍隊に入って戦ってくれる人を募って、応募してきた人たちのことを、ボランティアといいました。

早紀　へぇ……。ボランティアの始まりは戦争の志願兵だったんですね……。

山本　次が、もう少しましになってきまして、この中世の時代、日曜日に人々は教会に集まり讃美歌などを歌っていました。その時、教会のオルガンを弾く人が必

早紀　要だったのですが、それに応募してきた人のことをボランティアといいました。その人たち？　その行動をボランティアっていうんですか？

山本　両方だと思います、たぶん。

以上が語源なんですけども、一般の日本人がイメージする、いわゆる「よいこと」をするボランティアが始まったのは、150年くらい前です。
その頃、「赤十字」という団体が生まれたんですけれども、創設者のアンリーさんという男性がいまして、通りがかったオーストリアとフランスの戦争を見た時に、傷ついた兵士たちを敵味方なく助けたといわれています。彼は、医師でもないのに、また、自分自身の得にもならないのに、自発的に、そういう行動をした……というのが、ボランティアの始まりというわけですね。

早紀　敵でも助けちゃうんだ……。

② 青年海外協力隊とは？

山本　国際協力の世界でボランティアといえば、有名なのが、「青年海外協力隊*」です。

＊　https://www.jica.go.jp/volunteer/application/seinen/

早紀　聞いたことは、あるんやけど、自分のイメージの中では、「船に乗って海外に遊びに行く人」っていう感じ。何をしてるのかわからないんやけどー、海外に行って、若い人たちが、海辺で潮風を受けているイメージがあります（笑）。

山本　フフフフ（苦笑）。青年海外協力隊とは、日本政府がお金を出している、初心者向けの国際協力事業です。年間約1500人が途上国に2年間派遣されます。

早紀　試験とかないんですか？　面接とか？

山本　あります。まず、書類審査があって、志望動機みたいなのを書いて、健康診断も受けて、それらに通ると、面接と英語の試験になります。で、合格率ですが……現在は、倍率が2〜3倍のはずですね。ともかく、試験や面接があるので、応募すれば全員が行けるわけではないのです。応募する「職種」についてですが、職業の種類は140種類くらいあるので、仮にあなたが、なんの資格ももっていなくても、応募できそうなものが少なくとも5個くらいはあると思います。

例えば、「青少年活動」という職種があって、何をするのかというと……途上国の小学校で、体育や図画工作、クラブ活動などの「情操教育」の授業をする時に、新しいアイデアを提案したり、生徒にまじって授業を行ったりするなどの、ま、途上国の学校の先生の「補佐・サポート」をするということや、途上

早紀　国では、女性の地位が低いことが多いので、その村における女性の権利を上げるためにコミュニティーをつくって、家庭における男性からの暴力を減らすとか、女の子が学校に行けない状況を改善するなどのプロジェクトがあると思います。

山本　へぇー。

早紀　ともかく、青年海外協力隊の140もある職種の中には、看護師や教師などの資格をもっていなくても、だれでも応募できるものがいくつかあるので、興味があったら調べてみてください。青少年活動、村落開発普及員、環境教育、感染症予防、エイズ予防などが、資格をもっていなくても応募できる職種です。

山本　資格がなくても、すぐに応募できるなんて、いいですね。

早紀　自分にできそうもないと思うものでも、途上国に派遣される前に、日本政府が「研修」をしてくれて、必要な知識を習得させてくれます。

山本　それは安心ですね。

青年海外協力隊に派遣される前には、2か月もの間、長野か福島の合宿所で、英語など現地での使用言語の語学研修があることに加え、その前に、さらに、

> 「技術補完研修」と呼ばれる（途上国から要請された案件に対応した）さまざまな研修を受けることになる。これらの研修も、全て国がお金を出してくれる。つまり、英語などの語学の勉強を2か月も無料で受けられて、国際協力に必要な知識や技術（の一部）も、国が無料で教えてくれる、ということになる。国際協力をやりたい人にとっては、こんな「おいしい話」はほかにないというくらいの制度が、この青年海外協力隊である。

山本　ともかく、青年海外協力隊という、日本で一番有名なボランティア制度に興味があれば、ま、インターネットなどで検索してみてください。

早紀　興味があれば、青年海外協力隊ってすねっ！

山本　なお、あなたが青年海外協力隊に対して抱いていた、致命的な間違いを直しておきます。青年海外協力隊は船では行きません。飛行機で参ります。船で行くのは、「世界青年の船」という内閣府の事業で、全く別の事業です。

早紀　あ（笑）。それと勘違いしとったんやー‼（笑）

山本　こちらは国際協力というよりは、国際交流・国際理解教育という感じです。

早紀　名前が似とうし……（笑）。知らん人は同じものだと思っちゃいますよ。

山本　なお、青年海外協力隊は、20歳から39歳まで応募できます。40歳を過ぎてからは「シニア海外ボランティア」*という別の制度が、日本政府にはあります。

早紀　はい、そうです。さてここで、お金の話です。

山本　青年海外協力隊は、2年間派遣されている間、けっこうな額のお金がもらえます。現地で4万円、日本の口座に6万円、合計で毎月10万円くらいもらえますので、2年間その勤務をすると、現金だけでも200万円以上もらえることになります。途上国では、食べ物などの日常生活品の物価が、日本の5分の1〜10分の1くらいで、かつ宿泊場所も途上国側が用意してくれるのが原則なので、現地での生活費が4万円しかないといっても、十分生活できる「給料」だということになります。

早紀　へぇー……。

山本　ただし、最近、日本は大変な借金をかかえているため、青年海外協力隊も予算を削られることになりました。いわゆる、「事業仕分け」というやつです。

早紀　あ、ニュースで聞いたことあります。

山本　と、いうわけで、最近、青年海外協力隊に行った時、もらえるお金の額は、ある程度減りましたが、それにしても、お金がもらえる、ということに変わりは

＊　https://www.jica.go.jp/volunteer/application/senior/

早紀　ありません。要するに、ボランティアといっても、必ずしも「無給」というわけではない、ということを、申し上げておきます。

山本　普通、ボランティアは、「無給」じゃないんっ!?

早紀　というわけで、ここで「私が思うボランティアの定義」を申し上げます。
① 本人が自発的に行っている行動で、
② 利益を他人に与える行為（利他的行為）で、
③ 基本的にはお金をもらわない行為だ、ということですね。
あわせて申し上げておきます。今までのところで、何か、質問はありますか？
というか、日本でも通用する「ボランティア」の定義ではないということも、
これは私の個人的な定義でして、今まで話してきた通り、必ずしも世界中で、

山本　青年海外協力隊に参加しとる間、その方たちの職業はどうなってるんですか？

早紀　大きく3つの形態があります。
1つ目は、大学卒業後にすぐに行く場合や、もともとフリーターの場合などは、どこにも就職していないのでいつでも青年海外協力隊に行くことができます。
2つ目、会社に入社した後に、応募したくなった場合は、青年海外協力隊の試験が春と秋にあるので応募をし、その試験を受けている間は、合格するかどうかわからないので……会社には、だまっておく人が多いです。

早紀　だまっとくんですかっ！たいていは、2次試験（面接試験）に合格したくらいの時に、会社の人に話すみたいです。「会社を辞めたいんですけど、いいですか？」みたいに……。

山本　辞めるんですか⁉

早紀　そうですね。辞める場合もあります。青年海外協力隊に行く人は、日本で自分の「夢」を見つけられない人が、世界に自分の居場所を見つけようとして参加するという場合も多いのです。このため、日本に戻ってきて、日本の社会や日本の会社に、「自分は合わないな」と思っている場合もあるため、これを機会に辞めちゃうということです。で、2年間の派遣が終わった後は、日本に戻って、ほかの会社に就職したり、あるいは、「国際協力の世界に就職」したりすることも可能です。

山本　「国際協力の世界に就職」なんて、できるんですか？　知らんかった……。

早紀　はい、そうです。そのことは、後で話します。

3つ目が、会社に戻ってくる方法です。会社と話をつけて、「2年間だけやりたい」と言って、日本に戻ってきたら、また同じ会社で働かせてもらう方法。会社によっては、青年海外協力隊の活動中も、全額ではありませんが、半分とか、給料がもらえるところもあります。日本の大企業では、そういう制度をもっているところもあります。

早紀　それって、いい制度ですね。
山本　また、公立の学校の教職員の場合、地方自治体によっては、今、言ったのと同じ制度があり、2年間、海外に行った後、戻ってきて、また地元の学校で働くことが可能な場合もあります。

③ アフリカの医療支援の具体例

山本　では、だれがやるのかの話を、具体的にしていきますね。
国際協力に関わる人々のことを説明するには、実際の現場のことを言わないとイメージが湧かないと思いますので、私が2001年にアフリカに医者として行った時の話をします。その時、少なくとも百数十人の人が関わっていました。その百数十人が「それぞれ、どのような仕事をしていたのか」ということを、簡略化してお話しいたします。

早紀　はい！

山本　私が行っていたのは、アフリカの西の方にある「シエラレオネ」という国です。

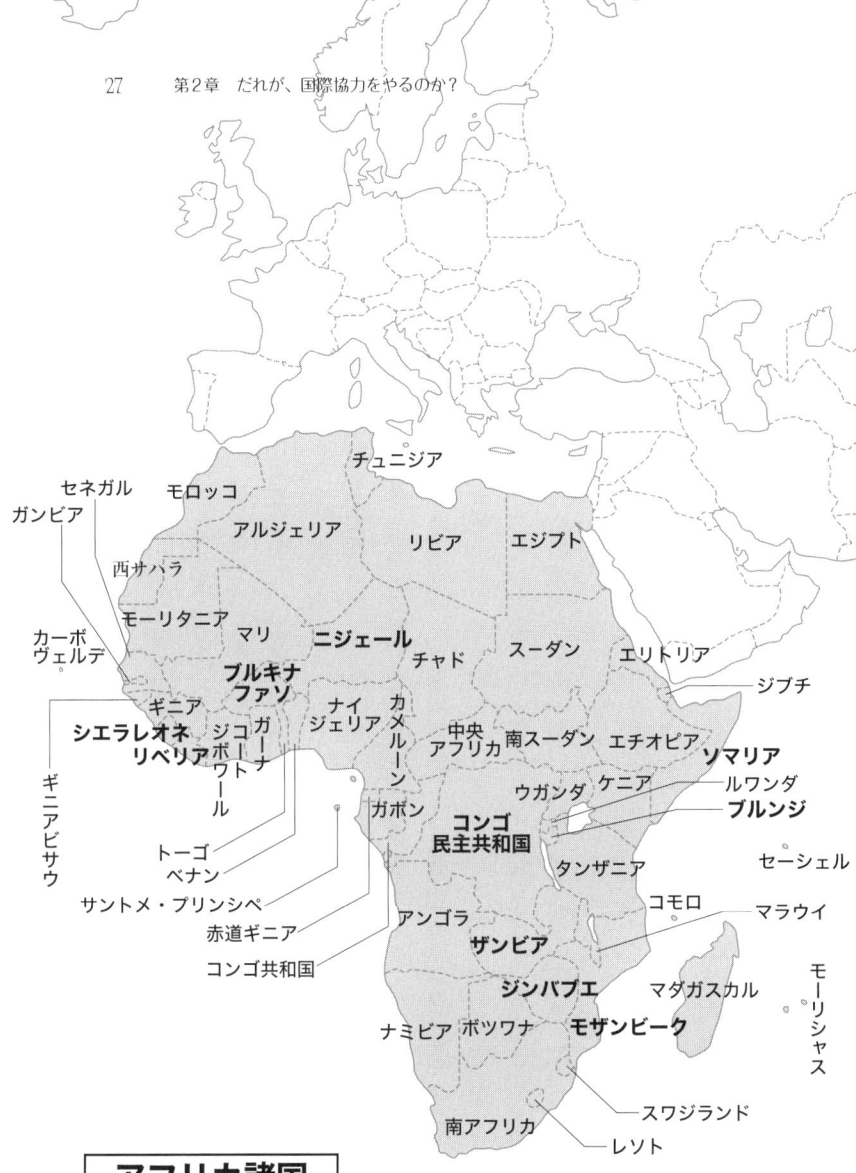

27　第2章　だれが、国際協力をやるのか？

チュニジア
セネガル　モロッコ
ガンビア
アルジェリア　リビア　エジプト
西サハラ
カーボ　モーリタニア
ヴェルデ　マリ　ニジェール　チャド　スーダン　エリトリア
ブルキナ
ファソ　　　　　　　　　　　　　ジブチ
ギニア　　　　　ナイ　カメ
シエラレオネ　ジ　ガ　ジェ　ルー　中央　南スーダン　エチオピア　ソマリア
リベリア　コ　ー　リア　ン　アフリカ
ギ　　　　　ー　ナ　　　　　　　　　ウガンダ　ケニア　ルワンダ
ニ　　　　　ト　　　　　　　　　　　　　　　　　　　　　ブルンジ
ア　　　トーゴ　　　　　　　ガボン　　コンゴ
ビ　　　ベナン　　　　　　　　　　民主共和国
サ　　サントメ・プリンシペ　　　　　　　　　　タンザニア　　セーシェル
ウ　　赤道ギニア　　　　　　　　　　　　　　　コモロ　マラウイ
　　　　コンゴ共和国　アンゴラ
　　　　　　　　　　　　　　　ザンビア　　　　　　　モ
　　　　　　　　　　　　　　　　　　　　　　　　　　ー
　　　　　　　　　　　　　　　ジンバブエ　マダガスカル　リ
　　　　　　　　　　　　ナミビア　ボツワナ　モザンビーク　シ
　　　　　　　　　　　　　　　　　　　　　　　　　　ャ
　　　　　　　　　　　　　　　　　　　　　スワジランド　ス
　　　　　　　　　　　　　　　南アフリカ
　　　　　　　　　　　　　　　　　　　レソト

アフリカ諸国

舌を嚙みそうな名前ですが、平均寿命が短い国で、当時、34歳でした。日本の女性の平均寿命が86歳ですから、半分もないことになります。そのくらい、医療事情が悪い国だったということです。

で、「だれが、国際協力をやっていたか」と言うとですね、まず医療活動をするにあたって最低必要なのが、医師、看護師です。

あと必要なのが、物資を運ぶ人です。……もしも、薬などの物資が届かないと医者なんてのは、なんの役にも立たないんです。

なので、必ず物資を運ぶ人が必要になります。四輪駆動の車で、首都と田舎の病院を往復し、物資を運ぶ活動です。車の運転ができるか、荷物の積み下ろしができれば、だれでもできる活動です。

次に必要になる人が、お金の計算というか、お金の管理ができる人です。会計士の国家資格をもっている人とか、もっていなくても会社などで、やっていたことがある人を雇用する。

その次は、マネジメントのできる人。マネジメントとは……どう説明しましょうかね……。

早紀　計画を決める人！　どう行動しようか……って。

山本　まぁ、そうですね……スタッフが10人だろうが100人だろうが、それぞれの

山本　仕事を管理し、「お前、こういう仕事をしろよ」と、「命令」できる人。

早紀　怖いんやけど……命令って（笑）。

山本　係長、課長、部長のような人ですね。こうした立場の人は、国際協力の世界では、「プロジェクト・リーダー」とか「統括責任者」などと呼ばれています。団体によって役職の名前は違いますが、要するに「ボス」です。このボスが、現地の村長さんと話をしたり、途上国政府から活動の許可をとったりして、プロジェクトが動いていくように調整するわけです。で、また、このボスがですね、人材管理の仕事をする場合もあります。今回のプロジェクトに必要なスタッフを雇ったり、逆にクビにしたりするような仕事を、自分自身でする場合もありますし、人事担当の人を別に置く場合もあります。

早紀　この人たちも、みんな現地に行くんですか？

山本　そうですね。日本などの先進国側にある事務所（本部）にも、さらに上位職の人がいますし、一方、途上国側の現地の事務所にも、多かれ少なかれ、そういった人たちが必要になります。

早紀　……すっごい数の人が必要になることですよね……。

　そうですね。プロジェクトの大きさにもよりますが、私が関わっていたような大型の国際協力団体の場合は最低でも、今、言ったような人を全て途上国側に

早紀　えー!!　1人で全部やるんですか、すごーい!

山本　経験があれば可能です。さて、今まで話したのは、日本などの先進国から途上国側に行く人たちの話です。実際のプロジェクトでは、途上国側で、外国から入ってきた人数の10倍以上の人を雇ったり、あるいは、途上国側の公務員（国家公務員または地方公務員）の方々か、村のコミュニティーの人々に協力してもらったりすることが多いんです。例えば、今、仮に外国から5人入ったとすると、50人以上を途上国側で雇うか協力してもらうことになります。プロジェクトの規模や種類によっては、それよりもずっと多いこともあります。

具体的に言いますと、途上国で医療活動をする場合は、まず、その国の現地人の医療スタッフが必要です。日本人の医師や看護師を連れてきて働かせても、2か月とか2年とか、ある一定の契約期間を過ぎると、日本に帰っちゃいます

も、送り込みます。一方で、小規模の国際協力団体は、その全ての役目を、たった1人か数人でやったりします。例えば、医療をやるのも、物資を運ぶのも、会計をするのも、村長さんと話をつけるのも、全部自分でやっちゃうということです。プロジェクトが小さくて、また、団体の大きさが非常に小さい場合、というか、「個人」でやっている場合など、こうした形態になると思います。

山本 から、途上国側の現地の医療スタッフを育て、さらに同時に、彼らを支える人たち（病院の管理職、会計係、物資調達係など）も育てる、ということも必ず必要になります。そして、例えば、プロジェクトの期間が5年だったら、その5年の間に、現地で、いろいろな役職の人が育ち、私たち外国人が帰ってしまっても、病院がずっと維持されていくことを「確認」してから、日本に帰らないといけません。

> アフリカの田舎では、医師はほとんどおらず、看護師が医師の代わりに診断や治療をする。また、その看護師すらいない場合もあり、その場合、保健所の臨時職員のような形で、一定の研修を受けた人が、医療行為を行うことが多い。
> しかし、そうした制度すらない地域もあるのがアフリカの田舎の現状だ。

早紀 というわけで、私がシエラレオネにいた時は、将来、看護師になるべき人材など、60人くらいに対して、教育を行っていました。60人……。

山本　はい。それ以外にも現地の人々をたくさん雇っています。物を運ぶために四輪駆動の車を運転できるドライバーを10人以上。あと、通訳。シエラレオネはイギリスの植民地だったのですが、英語が通じるのは首都だけです。地方では現地語が話されているんですが、民族は17くらいあって、言語も17種類ありました。このため、地域ごとに通訳を雇う必要がありました。

早紀　地域ごとに雇うの、大変そう……。

山本　ちなみに、最も使用されている現地語は、最大民族の言葉であるティムニ語というものでしたが、現地にいる時、私はその言葉を覚えて、一応、医者として患者の診察ができる程度は、しゃべっていました。

早紀　すっごーーいっ！

山本　詳細を知りたい方は、私の本『世界で一番いのちの短い国』＊を読んでください。

早紀　要チェックですね（笑）。

山本　というか……宣伝やん（笑）。

早紀　聞いてないしっ（笑）。

山本　……。現地で雇った、あるいは協力してもらったのは、合計で100人以上ですかね……。それ以外に、病院がない状態からつくりますので、現地の建築会社で一番ましなところを探して、病院を建ててもらったり……

＊　2002年、白水社・刊。2012年7月、小学館文庫にて発行。

早紀　病院建てるのも、けっこう時間かかるんじゃ……時間ありますっけ？

山本　半年くらいかかりましたね。病院ができる前までの間は、例えば、村長さんと話をして、村の空いている家を貸してもらってクリニックにしたり、あるいは、キリスト教やイスラム教の教会やモスクを貸してもらうことが多かったです。

早紀　へえー。

山本　以上は全部、途上国側のお話です。

本部は、普通、日本や欧米などの先進国側にあります。日本側にある本部でも、さまざまな人が働いていて、途上国側と同じように、ボス、会計、人事、物資の輸送係などが必要なことに加えて、広報をしたり、募金を集める人なども必要になります。

ちなみに、広報というのは、自分の団体がお金を得るための「広報」ということだけではなく、その途上国が、いかに大変な社会問題を抱えているかを紹介するのも大切な「広報」の仕事です。つまり、「ほかの団体や個人にも、そうした現状を知ってほしい、そして何か行動を起こしてほしい」という啓発をすることです。これも、非常に重要な国際協力団体の仕事の1つです。

ええと、あとは……自分の団体の（有給または無給の）スタッフとして働いてくれる人を、リクルートする（雇う）ことも仕事の1つです。先ほどまで話し

④ 途上国に行ってやるのだけではない

てきたような、会計ができたり、物資の運搬が得意だったり、通訳・翻訳ができたり、マネジメントができたり、資金調達または広報ができたり、そのほかいろいろな専門性がある人を募集します。

早紀　明るくて元気な人！　とかじゃだめなんですか？

山本　それだけでは、だめですね。
雇うほうが、その人にどんな仕事をさせればよいのか、わからないからです。要するに「何ができるのか」が重要です。例えば、「会計ができて、英語がしゃべれます」と言えば、これは雇用される可能性があります。

早紀　「何ができるか」が重要なんですね。そっかー、そりゃそうだ……。

山本　以上ですね。このように、私がアフリカで行っていた医療のプロジェクトは、最低に見積もっても150人くらいが関わっていたというわけですね。私はかつて、「150分の1」だった。150人の人々が、それぞれの仕事をすることで、なんとかプロジェクトを回す（動かす）ことができたということです。

山本　さて「だれが、国際協力をやるのか」という話をしているんですが、もし、あなたが看護師でも学校の先生でもなく、なんの資格ももっていなくても、例えば、極端な話、募金をしたり、募金を集めることに協力したり、もしくは2週間なり途上国に行って、物を運ぶ手伝いや下働きをやる気があれば、そういう形での国際協力を行うことができます。
　　　広報でよければ、自分のホームページ、フェイスブック、ツイッター、ブログなどで、あなたがよいと思う団体を宣伝する、または、途上国の悲惨な現状を広報するということも立派な国際協力です。

早紀　そうなんだ！。

山本　要するに、途上国側でも、先進国側でも、「自分にできることを何かしたい」と思っている人が、たくさん集まることで、その総和として、「世界を救う行為」が生まれているということです。
　　　これが、私の「最も言いたかったこと」です。別に、途上国に行って、直接的に医療活動をやったり、直接的に教育活動をしている人だけが偉いというわけでは、決してありません。

早紀　ふむふむ。

⑤ 国際協力をする5種類の組織──①国連

早紀　国際協力をやっている団体を、私は5種類の「枠組み」に分類しています。

山本　5種類？　団体の名前ですか？

早紀　(この段階で、早紀は、例えば、NGOというのは、1つの組織の名前だと思っている。実際は、以下に紹介する5つの「枠組み」のそれぞれの中に、数十～数億に及ぶ、多数の独立した「組織」が存在する。)

山本　わかんないよね？　国際協力の5つの枠組み。1つ目の枠組みが、国連ですね。

早紀　国連って何の略だかわかりますか？

山本　国際「連盟」。

早紀　英語で言うと？

山本　NPO？

早紀　UN？

山本　……絶句ですね（冷や汗）。ええと、正解は国際[*1]「連合」で、「UN」です。

早紀　あなた、アメリカに行ったことがあるのに、英語が、だいぶやばいですね。

山本　えへっ（ニコッ）。

[*1] 国際連合（国連）……United Nations (UN)

山本 世界にある、200くらいの国々が、ちょっとずつお金を出し合って、その資金で、「何か世界のためになることをしよう」というのが国連です。具体的に言えば、世界中の国の代表が集まり、会議をして、全ての国が守るべき（世の中をよくするような）ガイドラインをつくるのが、その主な役目です。

> 正確に言うと、「2つ以上の国の予算（税金など）で運営されている組織を「国際機関」といい、国連は、あくまでその1つにすぎない。国連以外にも、世界銀行、国際通貨基金（IMF）*2 など、多数の国際機関があるが、初心者は混乱してしまうため、ここでは国連だけを紹介している。

⑥ 国際協力をする5種類の組織──② 政府

山本 国際協力をしている枠組みの2つ目が、（先進国などの）政府ですね。政府というのは、「1つの国の予算（税金など）」で集まったお金で運営されている組

---

*2 国際通貨基金（IMF）……International Monetary Fund

早紀　織をいいます。そうして集められた国家予算の、ごく一部が、途上国に対する国際協力に使われています。日本の場合、国民総所得（GNI）の0・2%ほどが、途上国への国際協力に使われています。

早紀　エー。……少ない気がします。少ないですよね？

山本　えー……次の話は、

早紀　少ないやん！　政府！

> 1970年、国連で採択された各国の、途上国への国際協力に回すための予算である「政府開発援助（ODA）*¹」の「対GNP比（国民総生産に対する割合）」の「あるべき姿」は、0・7%以上。だが2017年（対GNI比）、スウェーデン＝1・02%、イギリス＝0・70%、ドイツ＝0・67%、日本＝0・23%、アメリカ＝0・18%。つまり、日本はアメリカと同様に低い。

山本　……。私も、そう思います。ともかく、私たちの税金の一部が、途上国の、主に経済を発展させるためにも使われているということです。

*1　政府開発援助（ODA）……Official Development Assistance

⑦ 国際協力をする5種類の組織──③民間

山本 国際協力をしている団体の、3つ目の枠組みは、民間の団体です。まず、NGOとNPOという言葉があります。違いや、その意味はわかりますか？

早紀 ……NGOが、営利団体で、NPOが、非営利団体？

山本 うーむ。絶句です（冷や汗）。

早紀 絶句ばっか（笑）。だって、わからんっちゃもーん！

山本 NGOは、非政府組織のことです。なので、政府じゃない組織は、全てNGOなんです。国際協力関係の組織だけではなく、企業であろうが、宗教団体であろうが、なんでも、政府の組織でなければ、全部NGOなんです。

早紀 えー、知らなかった。

山本 「広義のNGO」は、今言ったように、政府と国連以外の、全ての組織をいいます。なんでもそうです。だから、世の中に何百億以上もの、これに含まれる団体があります。一方、「狭義のNGO」は、そうした政府でない組織の中で、

*2　NGO（非政府組織）……Non-Governmental Organization

早紀 国際協力や社会貢献を行っている組織をいいます。こうなると少し限定されてきて、世の中に、多分、数億団体くらいだと思います。

山本 数億っ⁉

一方、NPO*というのは何かというと、非営利団体のことをいいます。

日本の場合、都道府県(または内閣府)に認証され、毎年、

① どんな仕事をしているかの報告(事業報告)と、

② どのようにお金をもらい、どのように使っているかの報告(収支報告)をしている団体をいいます。しかも、単に「非営利」な活動をしているだけではなく「特定の非営利活動」を行っている団体でなければ、NPO法人として、認めてもらえません。だからNPOは、日本語では、「特定非営利活動法人」(国が定める特定の非営利活動を行っている団体)というのです。

> 「特定非営利活動」とは、以下の17種類。①保健、②社会教育、③まちづくり、④学術、⑤環境保全、⑥災害救援、⑦地域安全、⑧人権擁護、⑨国際協力、⑩男女共同参画、⑪子どもの健全育成、⑫情報化社会発展、⑬科学技術振興、⑭経済活動活性化、⑮職業能力開発、⑯消費者保護、⑰以上を行う団体の援助

＊ NPO(非営利団体) ……Non-Profit Organization

早紀　知らなかったなー。

山本　NGOとNPOの「数の違い」ですが、現在、日本には狭義のNGOが、100万以上あるといわれていますが、このうち一部の団体が、都道府県に毎年、事業報告と収支報告を行う「NPO法人格」をとっています。その数は、現在約4万です。要するに、日本の全NGOのうち数%が、NPO法人格をとっている、ということです。NPO法人格をとっていないほかのNGOは、事業報告も収支報告もする義務がないので、どんな活動をしているかすら、公式には、全くわかりません。

早紀　どんな活動をしているのか、わからない。それって……。

山本　団体が存在する住所すら、わかりません。届け出をする必要がないので、存在しているかどうかすら、本当に、わからないのです。大学生が気まぐれにつくったサークルなどが、それにあたります。

早紀　……NGOは、ちゃんと活動してるんですか？

山本　半分くらいは、ちゃんと活動していないと思います。若い人などが、思いつきで「カンボジアに学校をつくろう！」と思い、数人が集まれば、それは、一応

早紀　NGOです。大学のサークルでも、NGO（非政府組織）には違いありません。

山本　サークルでもってところが、すごい。

早紀　でも翌日に気が変わって、「もっと面白そうなこと」を見つけてしまい、昨日やろうと思っていたことを忘れてしまいます。昨日生まれて、今日消えていく……。NPO法人格をもっていないNGOの多くは、こうした側面をもっています。

早紀　うわぁ……（そんなことで、いいのかな？）

⑧ 国際協力をする５種類の組織──④企業

山本　国際協力をやっている組織の枠組みの４つ目が、企業です。普通の会社です。一般の人が知っているような大企業は、多かれ少なかれ、国際協力や社会貢献活動を行っています。特に最近は環境問題ブームなので、例えば、森が減っていくことを防ぐために、アジアやアフリカなどで植林をするとか……。

早紀　コアラを守るとか？

山本　まぁ、そうですね。絶滅しかかっている動物の保護をするとか。逆に、絶滅しそうな動物がすんでいる川や森をつぶして、工場をつくら「ない」とかです。そういった企業が行う活動のことを「企業の社会的責任*」といいます。

早紀　「企業の社会的責任」？

山本　要するに、金儲けだけじゃなくて、環境にも配慮するべきだし、社会貢献的な活動もやろうよ、という話です。環境問題だけじゃなくて、途上国での貧困削減、教育、地雷除去などを支援している企業もたくさんあります。

「企業の社会的責任」。1990年代に欧米で生まれた概念。経済（利益の追求）、環境への配慮（持続可能性の維持）、社会性（社会貢献、法令の遵守）の3つの側面のバランスをとりながら企業を運営すること。2002年頃、日本にも普及しだした。最初にやりだしたのは、リコーとソニー。現在は、日本の大企業（東証一部上場企業）の2〜3割くらいが行っているといわれている。例えば、服飾メーカーのユニクロは、次の3つの国際協力や社会貢献を行っている。
① 消費者が使わなくなった使用済みの衣類を店頭で回収し、それをアフガニスタン、ネパールなどの難民キャンプに届け、寒さを防ぐために着てもらっている。

＊　企業の社会的責任……Corporate Social Responsibility（CSR）

> ②バングラデシュでは、女性に職業訓練を行い、服の生産や販売を通じて、貧困から脱出させる、社会的企業（227ページ参照）としての活動。
>
> ③日本では障害者雇用率が、1.8％以上でないといけないという法律があるが、ユニクロは7.2％雇用しており、全企業中、第1位。
>
> なお、このユニクロに負けないような、もっとすごい国際協力や社会貢献を行っている企業はほかにもたくさんある。ぜひ調べてみてほしい。

山本 以上が、会社で行う社会貢献の話ですが、年間予算に余裕のある大企業だけでなく、中小企業でも、社長の志が高いところでは、国際協力や日本での社会貢献を行っているところはたくさんございます。

早紀 拍手……（パチパチパチ）。なるほろ、なるほろ。

⑨ 国際協力をする5種類の組織──⑤宗教

山本　国際協力を行っている団体の5つ目の枠組みが、宗教団体です。ヨーロッパでは、キリスト教が強く、人々は日曜日に教会に集まるんですが、その時、ホームレスの方に、パンや牛乳を無償で配るんです。

早紀　なんか、それ、テレビで見たことある。

山本　イスラム教でも、金曜日にモスクに集まるので、そこで貧しい方たちのために募金などをしています。喜びを捨てる、と書いて「喜捨（きしゃ）」といいます。で、言わなきゃいけないことの1つは、アフリカなどには、学校のない地域が多かったのですが、キリスト教の団体も、イスラム教の団体も、どちらも、学校をいっぱいつくりました。

「子どもたちに教育を受けさせたい」という理由もありましたが、「自分たちの宗教の布教をする」という側面もあったようです。

早紀　へえー、それって、いいんですか？

山本　……宗教の是非については、（もし話すと、非常に長くなるので）コメントを控えることにしていますが、一長一短があるとだけ申し上げておきます。ともかく、国際協力には、5つの枠組みがあるということです。

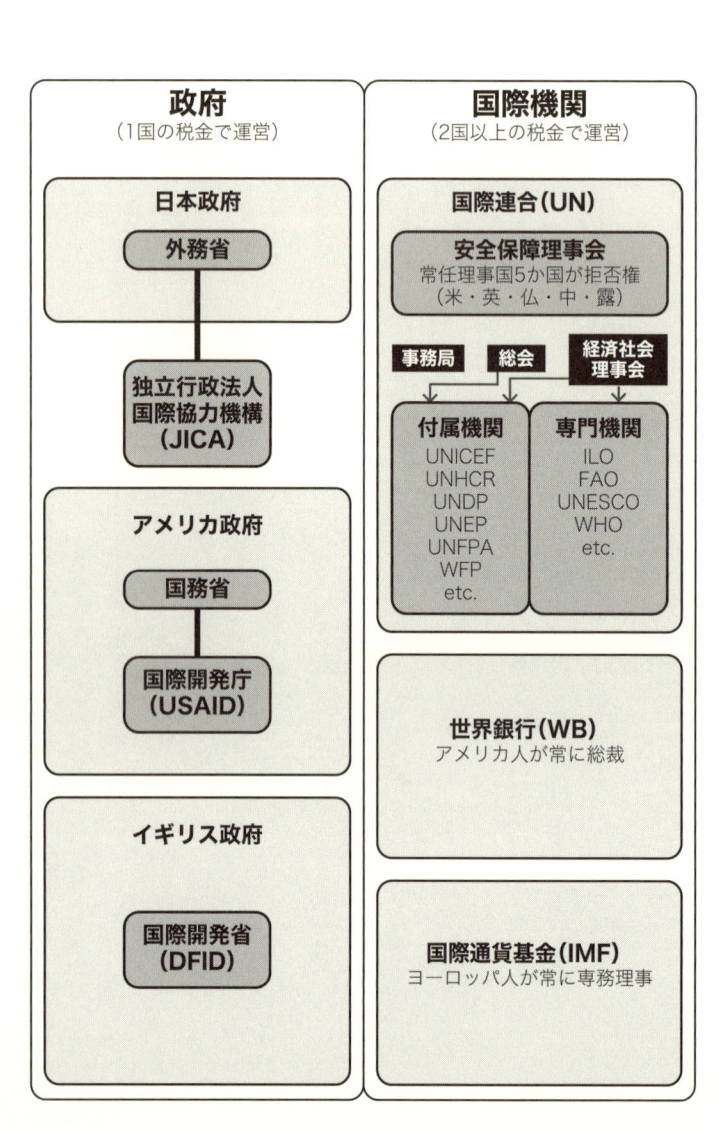

政府
(1国の税金で運営)

日本政府
- 外務省
  - 独立行政法人 国際協力機構 (JICA)

アメリカ政府
- 国務省
  - 国際開発庁 (USAID)

イギリス政府
- 国際開発省 (DFID)

国際機関
(2国以上の税金で運営)

国際連合(UN)

安全保障理事会
常任理事国5か国が拒否権
(米・英・仏・中・露)

事務局 / 総会 / 経済社会理事会
↓

付属機関
- UNICEF
- UNHCR
- UNDP
- UNEP
- UNFPA
- WFP
- etc.

専門機関
- ILO
- FAO
- UNESCO
- WHO
- etc.

世界銀行(WB)
アメリカ人が常に総裁

国際通貨基金(IMF)
ヨーロッパ人が常に専務理事

第2章　だれが、国際協力をやるのか？

国際協力を行う組織の分類

```
民間
（税金を直接的に使わないで運営）

　広義のNGO
　政府以外の全ての団体　日本で数百万

　　狭義のNGO
　　国際協力や社会貢献をする団体
　　日本で100万以上

　　　NPO法人
　　　都道府県に届出をされ、
　　　かつ法人として登記された団体
　　　日本で約5万

　　　　認定NPO法人
　　　　税制で優遇
　　　　日本で約1200

　学校法人
　日本で約7800

　宗教法人
　日本で約18万

　企業
　株式会社・有限会社など
　日本で約300万

　社会的企業
　日本で約8000

　非政府個人（NGI）
　Non-Governmental Individual
　個人で団体並みの活動

　個人事業主

個人
日本で約1億2600万人
```

※国連経済社会理事会で発言権をもつ国際大型NGOは世界に約3000

第2章 だれが、国際協力をやるのか？――まとめ

① ボランティアとは、一応、自主的・利他的・無償の活動のこと。
② ボランティアとは、実際には、組織や個人によって、その定義が異なる。
③ 青年海外協力隊は、日本政府が行う初心者向けの国際協力。
④ 国際協力は、途上国の現場だけでなく、裏方さんがたくさんいる。
⑤ 国連とは、たくさんの国が予算を少しずつ出して運営する組織。
⑥ 政府とは、1つの国の税金で運営する組織。
⑦ 民間とは、原則として、国の税金を使わずに運営する組織。
⑧ 国連の役目は、世界中の国が守るべきガイドラインをつくること。
⑨ 政府は開発援助が主。途上国と先進国、両方の経済を共に発展させるのが目的。
⑩ 民間の組織は全てNGO(非政府組織)。日本だけで100万以上。
⑪ NGOのうち都道府県などに認証されたのがNPO(非営利団体)。日本に約5万。
⑫ 企業の社会的責任とは、経済(健全経営)・環境(持続可能性)・社会性(法令遵守)。
⑬ 企業の社会的責任は日本では2002年頃から普及。一流企業の2～3割が実施。
⑭ 宗教団体はアフリカなどで学校を建設。キリスト教とイスラム教の普及。

第3章

国連・政府・民間NGOの表と裏

① 各団体と、緊急援助と開発援助の関係

> この本では、国連・政府・民間の、それぞれの枠組みには、それぞれの長所と短所があることを説明していきます。読まれた方が、こうした情報を読んだ場合、「あ、じゃ、○○は、ダメな組織なんだ」という短絡的なイメージをもってしまうことが多いのですが、それは、本書が伝えたいことではありません。私たちひとりひとりが、良いところと悪いところを半分ずつもつ人間である限り、その集合体である「組織」も、必ず良いところと悪いところがあります。それぞれの組織の長所と短所を把握した上で、たくさんある世界の問題を解決しようとする際に、「この問題に対しては、この組織がよい」または、「この組織は、ここから改善していくべきだ」などというような公平な判断ができる人物に育ってくれることが、本書の願いです。

山本 5つの枠組み、①国連・②政府・③民間・④企業・⑤宗教が出たところで、初めにお話しした「緊急援助と開発援助」と、これらの枠組みの関係をお話しし

早紀 えっ! いったいものかというと、90％以上が開発援助なんです。

山本 開発援助というのは、戦争が終わって安定している国、途上国でもかなり「ましな国」ですね。その国に対して経済を発展させることを開発援助というんですが、それをやっているのが、日本政府などによる国際協力だということです。

一方で、緊急援助はだれがやっているのかというと、多くの場合、民間のNGOが行っていますが、一部、国連のごく一部の組織も行っています（71ページ参照）。民間のNGOの、どの組織がやっているかというと、例えば、赤十字や国境なき医師団という組織などが、行っています。

> 日本政府が行っている国際協力は、途上国の経済発展を促すものがほとんど。緊急援助に関しては、自然災害が途上国で起こった場合に、医師やレスキュー隊員などを派遣する「緊急援助隊」という制度も政府はもっているが、人数も予算の割合も少なく、全体の活動の数％にも満たない。また、戦争や内戦に対しては、日本は憲法9条の問題があるため軍事介入をして止めることができな

い。国連から依頼された場合、その平和維持活動（PKO）の中でも、最も安全な地域に、自衛隊が〈武力行使をしない形で〉たまに参加する程度である。

早紀　民間がやってるとなると、すぐに行動できないこととか、ないんかな？
山本　ほう。そう思いますか？
早紀　政府系とか大きな組織が動いたほうが、治まることが多いんやないんかなって。
山本　今、あなたが言っていたことは、現実と全く逆でして。
早紀　なんで逆なんですか！　なんで？
山本　例えば、政府が、何かを始める時には、内閣で話し合って法案をつくり、次に国会に予算を通さないといけないので、「1年半」は時間がかかるんですよ。
早紀　……（はっとした顔）。え!?
山本　今、重大な問題が起きている場合、1年半後に行動を起こしてもあまり意味ないですよね？
早紀　なさすぎますね……。
山本　緊急援助に関しては、団体の代表が、「やる！」って言ったら、1分後には行動を起こせる民間のNGOのほうが、圧倒的にスピードが速いんです。何かあ

＊　平和維持活動（PKO）……Peace-Keeping Operations

った時、24時間以内に現地に入れるのは、NGOだけです。

国連のほうには、もっと大きな問題があって、緊急援助が必要な場合でも、何もしないことがあります。例えば、国連の中で大きな力をもつアメリカ、中国、ロシアなどの間で、意見が合わなかった場合（それは、よくあることなのですが）、国連は動きません。また、国連で最大の力をもつアメリカが、自分の国の利益にならないと判断した場合も、何もしないことがあります。

東アフリカにあるソマリアという国では、30年くらい内戦が続いている。国連が軍事介入して内戦を止めようとしたが、1993年にアメリカ兵が18人虐殺され、死体がひきずり回され、それがメディアで報道されたため、アメリカ国内で「自分の国の兵隊の派遣」に反対する世論が起き、結局、米軍も国連軍も撤退した。以後、内戦は放置状態で、今も続いている。もともとソマリアには石油などの魅力的な資源がないため、イラクのように無理やり奪い取るほどの理由がアメリカにはなかったからだといわれている。今もソマリアの政府は機能しておらず、「破綻(はたん)国家」と呼ばれている。

山本　要するに、政府とか国連による途上国への援助は、「その国に援助をする」ことで、「なんらかのメリットがある」という時にだけやる、ということが実際のところ多いということです……ちょっと汚い話ですけども。

早紀　……。

山本　例えば、日本が東南アジアの支援をするのも、東南アジアが成長すると、次のメリットがあるからです。
　自動車メーカーのＡ社が、車を安くつくりたいという場合、東南アジアに工場をつくり、安い賃金で労働者を雇います。車をつくるためには、車をつくるための原料を工場まで運んでくるための道路が必要ですから、道路をつくってあげます。車ができあがったら輸出するための港湾設備が必要ですから、それもつくってあげます。工場を動かすには電気や水が必要だから、発電所も送電線も上水道もつくってあげます。
　だから日本は、日本の産業を発展させるために、東南アジアなどを開発していく、という側面があるわけです。

早紀　うわー、国際協力って思っていたより、なんかずっと汚い……もの？　なの？

山本　ま、そういう側面もある、ということです。
　一方で、その結果、道路をつくるための工事や自動車工場での雇用が生まれ、

貧困から脱出し、本当に救われている人々もいるので、
① 貧しい人を助けるという側面と
② 先進国と途上国の「両方の経済発展」に必要なことをすることの2つの側面があるということです。
このため、一方的に援助をしてあげる「国際貢献」ではなく、双方が利益を得る「国際協力」と呼ぶのだと、私は理解しています。

早紀　うーん……。複雑な心境。

山本　ともかく、その両方の側面があることを認識し、あなたが汚いと思ってしまうものから目をそむけず、その上で、両方の国のなるべく多くの人の「豊かさ」に貢献するよう努力していくことが大切だ、と私は思っています。

早紀　うーん……。それはそうだけど、なんだか複雑。

山本　さて、話を戻しましょう。
というわけで、(そういった開発援助とは逆に)緊急援助に関しては、民間のNGOが、「純粋に人を助けたい」という意思だけで、何の利益もないまま「人道的」な気持ちでやる、ということが多いということですね。

② 有給と無給

山本　「だれが、国際協力をやるか」という話の続きですが、有給の職員と無給のボランティアの両方が、国際協力の世界にはいるということです。あなたは今まで、国際協力はお金をもらっていない人がやっていると思っていましたか？

早紀　そう思いたかった……。有給でしてる人も大きな団体ではおるんやろーなーって思ってはいたけど。でも、無給の人が大半だと思ってた。

山本　ということをふまえた上で説明しますね。

さっき言った5つの枠組みの中で、やっぱり中心となるのが最初の3つの、国連と政府と民間NGOなので、それらの話をします。国連で雇われた有給の職員のことを、国連職員といいます。数か月から長くても2年の、期間が限定されている雇用形態が多いです。国連の場合です。2年過ぎてもまだやりたい場合、再度、国連の空いている部署に応募する、ということを繰り返すことになります。

さてその給料ですが、最低でも日本の国家公務員くらいで（実際はアメリカの国家公務員の給与が参考とされ）、役職が上位になってくると、その2～3倍

になります。日本人の平均年収が430万円くらいなんですが、国連職員の給与は、年収で、ざっと500万円から1800万円の間です。だから、普通の日本人よりは多いと思います。

> 国連職員の基本給（基本となる給与）は、役職のランクと経験年数によって、明確に決まっている。しかもインターネット上で公開されている。この基本給に加え、先進国に派遣された場合、物価が高いため、「地域調整給（ポスト・アジャストメント）」という手当が出る（国によっては高額）。途上国に派遣された場合は、「僻地手当・危険地手当（モビリティー＆ハードシップ）」という手当が出る。そのほか、扶養家族手当、子どもの教育補助手当、住宅手当などが出るため、なんだかんだで、基本給の2～3倍になるのが普通だ。

早紀　そのお給料ってどこから出るんですか？

山本　各国の税金です。国連に加盟している193の国々が、少しずつ国連にあげることになっているのです。もともとは、私たちが支払っている税金です。

早紀 ……(ピンとこない顔をしている)。

山本 つまり、あなたのお父さんやお母さんが働いて、もらった給料の一部を、日本の国に、税金として支払っているんですが、集められたお金の一部が、国連や日本政府で国際協力をしている人の、給料にも使われているということです。

> 各国が国連に支払うことになっている主な国の国連分担金の分担率(2020年)は、アメリカ＝22・0%(約6・8億ドル)、中国＝約12・0%(約3・4億ドル)、日本＝約8・6%(約2・4億ドル)、ドイツ＝約6・1%(約1・7億ドル)、イギリス＝約4・6%(約1・3億ドル) など

山本 次は、政府の場合ですね。日本政府の中には、国際協力に関係している省庁があります。まず、外務省ってありますよね？

早紀 はい。

山本 その外務省が、所管(その責任と権限において管理)している、国際協力をするための組織があります。

早紀　「*国際協力機構」っていう名前なんですが、聞いたことありますか？　英語では、JICA（ジャイカ）って言うんですけども。

山本　はい、あります！　ジャイカ‼

早紀　ジャイカに雇われた場合、基本的に、国家公務員とほとんど同じ待遇です。ただし、途上国などに派遣された場合、僻地手当などが加算されるため、通常の国家公務員より給料は多くなります。

ジャイカの職員の平均年収は850万円くらいです。ちなみに日本人の平均年収が430万円ですから、大体2倍です。

あなたは、「国際協力している人は無給であってほしかった」と思っていたようですが、「お金をもらってやっている」ということは悪いことではないんです。というのは、お金をもらっていないと、自腹でやることになりますから、ずっと国際協力を続けていくことができなくなってしまうんです。無給のボランティアとしてやる場合、2週間くらいはできるかもしれませんが、1～2年と続けてやることはできませんよね？　国際協力を「一生の仕事」にしたい人は、国連や政府のようなところで有給の職員となり、日本人の平均年収並みの給料がもらえる組織に就職する必要がある、ということです。

早紀　そうですね……。わたし、国際協力をするのにお金をもらうのは、なんとなく

＊　国際協力機構（ジャイカ）
……Japan International Cooperation Agency（JICA）

山本　悪いことだと思ってたんですけど、考えを改めないかんなー。そのほうがいいと思います。一方で、逆の考え方も紹介しておきます。職員になったら、お金はもらえるけれども、政府の場合、行動が非常に遅いとか、国連は大きな国の利害が一致しないと動かないとか、そういう「イライラした」側面もあるので、「お金はもらえないけど、俺は自分の信じたことをやる！」という人たちも、世の中には、当然いるわけです。要するに、お金はもらえるけど、言われたことをやるのと、お金はもらえないけれど、自分の信じることをやるのと、どちらがいいか、という話になるのかもしれません。

早紀　なるほど。

山本　というわけで、3番目は、民間のNGO・NPOのスタッフの話です。日本のNGOやNPOでは、ほとんどのスタッフが無給か、もらっても月給10万円以下です。そういう少ない給料で、がんばっているのが、日本のNGOのスタッフたちです。国の利害に左右されず、純粋に「人道的」に正しいと自分が思ったことをやっている人たち、といえるかもしれません……と言っても、実態は、それほどきれいではありません。

早紀　きれいじゃないんだ……（笑）。

山本　結局、自分の生活を維持するお金が足りなくなるため、団体を辞めていく人が非常に多い、という現実があります。また、言い方を変えると、「給料をもらっていて、辞めると生活できなくなる」という縛りがないため、ちょっとでも嫌なことがあるとすぐ辞めてしまう人が多い、ということです。

早紀　そっか……難しいですね。

山本　これに対して、欧米のNGOは、全く異なっています。

欧米では、キリスト教の募金文化が発達しているため、NGOにも募金する人が非常に多く、億単位のお金が日本より簡単に集まってきます。このため、欧米のNGOの給料は、国連職員並みにもらえる場合があります。

以上の状況なので、国連職員と全く同じ能力をもった人が、欧米のNGOでは働いているのです。日本では、ほぼありえませんが、欧米では、国連職員と、NGO職員と、政府職員への就職を、代わりばんこに繰り返す「専門性の高い、優秀な人」も、たくさんいます。

早紀　すごいっ！

山本　ですので、英語がしゃべれて、なんらかの専門性がある場合、積極的に、欧米のNGOにも、アプローチをかけるとよいかもしれません。

早紀　そっか、やっぱり英語、勉強せないかんっ！

③ 考える人・つなぐ人・やる人

山本 次に、国際協力における「考える人・つなぐ人・やる人」の説明をします。

早紀 この意味わかりますか？

山本 考える人・つなぐ人・やる人……？　考える人は……何か世界に事件が起きた時に、「どうしよう、どうしよう……」って、悩んじゃう人ですか？

早紀 いや（苦笑）。

山本 やっぱり（笑）。

早紀 例えば、「カンボジアで、学校をつくるプロジェクトをしたい」と思ったとしますね、仮に。すると……いろんな人が必要だという話をすでにしました。まず、多くは日本などの先進国側で、「こういうプロジェクトをやろう」というふうに「考える人」が必要なんです。要するに「考える人」とは、どんなプロジェクトをやるかを事前に考え、具体的に設計する人のことです。

山本 そうか、大切な部分ですね。

早紀 普通はですね、きちんとやる場合は、国際協力に詳しい「大学の先生」などをメンバーに入れます。ほかにも、次のような人が、考える人に必要です。

早紀　①すでに途上国で学校をつくったことがある人
　　　②それを長期間運営した場合、どんな問題が起きるかを知っている人
　　　③学校の先生など、生徒に直接教育をしたことがある人
　　　④どんな教育方法がよいかを学校の先生に対して指導できる人
　　　⑤カンボジアという国、民族、宗教に詳しい人
　　　などです。ともかく、知識がいっぱいある人を数人集めて、プロジェクトをつくっていくんです……。まず、「上位目標」というのをつくるのが普通です。

山本　上位目標って？

早紀　例えば、「カンボジアのA村において、初等教育を普及することにより、識字率（文字を読める人の割合）を向上させ、病気の予防などに関する知識の普及を行い、地域の健康状態を改善する」みたいなことを書くわけです。

山本　難しい……（困惑）。

早紀　要するに重要なことは、「学校の建物をつくること」が目的な人は、普通、いないわけですよ。だって、コンクリートの四角い箱は、300万円くらい集めればつくれるけど、それをカンボジアの村につくったって、喜ぶ人は、だれもいないと思いますよ。それを学校にするために、生徒を集め、教師を用意し、さらによい教育をするように、教師の教育を管理するシステムをつくる。

早紀　ここまでは、当然必要ですよね？

山本　はい、わかります。

　　　で、その上でさらに、「学校をつくったことで、何のメリットがあるのか？」ということを、「具体的に」考えないといけないんです。それがないのならば、初めから、学校をつくる必要などないことになる。

早紀　えっ？

山本　途上国では、小学校を卒業しても、日本のように中学校にみんなが進学できるわけじゃないんです。行けるのは、数％とか、ごく一部の人です。そもそも、そんな高等教育など、存在しない地域も多いですし、必要とされない場合も多いんです。なぜなら、途上国では、子どもは、親の後を継いで、将来、農業や牧畜などをすることが多く、その仕事に必要な技術は、親から習います。

　　　だから、学校の勉強は、「とりあえず生きるためだけなら」必要ないかもしれません。ですので「学校で教育するのはよいことだ」という、なんの根拠もない漠然としたイメージだけで学校をつくってはいけない可能性があります。

早紀　あーそっか。

　　　ともかく学校をつくったことによって、地域住民が、具体的になんのメリットが得られるかを、考えたほうが適切です。

早紀　例えば職業訓練をして、近くにできた工場で働けるようにしたとか、さっき紹介したように、教育を通して住民の衛生観念を向上する（下痢などを防ぐ）とか、そうした「上位目標」がないならば、「学校をつくる」ということ自体を行っても、意味がない場合があります。

山本　というわけで、「上位目標」というものをつくって、それを達成するのに必要な、やらなくちゃいけないことを、いろいろ考えていくわけです。教育の専門家や、すでにやったことがある経験者などが、顔をつきあわせながら、計画をつくっていくわけです。これが「考える人」。

早紀　た、たしかに……。

「初等教育を普及し識字率を向上させ、地域の健康状態を改善する」ということが、なぜ可能なのかの説明をする。
①途上国では、マラリアやエイズなどを予防するための注意事項を書いたポスターが、保健所や病院の壁に貼られているが、字が読めない人には意味をなさない。だから読めるようにする。
②妊婦健診や乳児健診、子どもへのワクチン接種を受けさせるために、妊婦や

母親に、記録用のカードや母子手帳を渡すのだが、その紙や冊子に、妊娠中の注意事項や、子どもを育てる上での注意事項などが書いてある。だがこれも字を読めなければ意味をなさない。

③ 国連児童基金（ユニセフ）などの国連のデータで、女性の識字率を上げると、妊産婦死亡率も下がるし、乳児死亡率も下がる、という統計学的な根拠がある。

これは、学校教育を受けることで、ばい菌などの知識をもち、衛生状態に気を付けるようになるため、といわれている。

山本　さらに、「考える人」が考えないといけないことは、具体的な時系列での計画です。普通は、

① 事前に先発隊を送り込み、現地の状況を調査して、
② 次に、初年度に学校の建設などを行い、
③ さらに教師と生徒を用意して、学校を立ち上げて、
④ そこから、例えば10年間、教育システムの実施と、定期的な改善を行い、
⑤ 10年後に撤退する時までに、地域住民のコミュニティーで学校を運営できるようにするか、地方自治体か、国か、ほかの団体が運営してくれるようにして、

＊　国連児童基金（ユニセフ）……United Nations Children's Fund (UNICEF)

⑥その後も、毎年、フォローアップ（経過観察）して視察を行っていく、というのが、大筋の計画だと思います。

早紀　あなたは、途上国に学校をつくるといったら、「日本人が途上国に行って、自分で教師みたいなことをやって、何かを教えること」だと思っていたんですよね？

山本　はい……。直接現地で……みたいな。

早紀　そういう日本人は、だいたい２週間とかで帰っちゃうから、帰っちゃった後は……現地の人にとっては、もう教育する人がいなくなるから困りますよね？

山本　困る！　困る！　困る！

早紀　そういうことですよ。ともかく、今まで話したようなプロジェクトを実行するには、さらに、次の要素も必要になります。

⑦それが、「人・物・金」です。

山本　ひと・もの・かね？

早紀　そうです。

「人」は、もう話しましたね。日本側の本部にいる人、途上国側に行く日本人

山本「物」は、学校だったら、文房具や教材、教科書など。もし、学校の建物を建てるなら、食材の調達と輸送も必要になります。「金」は、学校の建物を建てるだけなら300万円だけど、その後、先生の給料や、文房具などのランニング・コスト（維持費）がかかります。以上のようなことを、日本にある本部で、「考える人」が考えるわけです。

早紀ちょ、ちょっと、大変すぎるやーん。あたし、無理かも……。

山本だいじょうぶ。初めから全部できる人はいません。最初は、これから話す、「つなぐ人」とか、「やる人」になるのが普通です。「考える人」になるのは、国際協力の世界に入るのが普通です。「考える人」になるのは、国際協力を数年やってからだから、今の段階でそんな難しいことをできる必要はないですよ。

早紀よかった（ほっ）。早く言ってくださいよ！

山本……。さて次に、「つなぐ人」と「やる人」のことを、まとめて説明します。

早紀「つなぐ人」というのは、ま、いってみれば、裏方に回る人うらかた？

山本「やる人」は、田舎の学校で、直接子どもたちに教育をする現地人の先生や、「その先生の指導をする日本人の先生」が、それにあたりますが、そうした直

早紀　接的な国際協力をしていない、ほとんど全ての人が、「つなぐ人」です。
要するに、
① 日本側で、募金を集めたり、広報をしたり、スタッフの募集をしたり、
② 途上国の首都で、政府に学校をつくる許可をとったり、建設会社と学校をつくる交渉をしたり、文房具などを買って運んだり、お金の管理をしたり、
③ 途上国の田舎で、村長さんと話し合いをしたり、ゴミなどの環境問題が起きないように配慮したり、
そうした、周りの全ての人が、「つなぐ人」です。

山本　周りの全ての人……？

　で、こうした「考える人」と「つなぐ人」と「やる人」の割合は、団体によって異なりますが、おおざっぱに言って、日本人などの先進国側の人数だけを考えると、1対8対1くらいです。

つまり、「つなぐ人」が最も多い、ということです。

「やる人」は、現地の人を雇うか、もしくは公務員や村のコミュニティーの人に無償で協力してもらうことが多い、ということです。

④ 国連の「考える人・つなぐ人・やる人」

山本　国際協力の枠組みは、大きく分けると5つで、国連・政府・民間・企業・宗教があると言いましたよね？　このうち、国連に就職した場合、「国連職員」という立場になります。この、国連職員の仕事は、完全に「つなぐ人」です。

早紀　え〜！　ほとんどの人たちが？

山本　全部ですね。ほぼ100％です。さっき言った、1対8対1ではなくて。国連という枠組みの中には、だいたい、40以上ものいろいろな組織が入っています。例えば、ユニセフとか、世界保健機関（WHO）とか、世界食糧計画（WFP）とか、いっぱいあるわけです。で、その、それぞれの組織の中に、それぞれの理事会というのがあって、そこに各国からの代表が出席し、それぞれの組織でやることを決めるわけです。この理事会が「考える人」です。

で、そこで決められたことをやるのが「つなぐ人」である国連職員だ、ということです。国連の仕事は、基本的にどこかの国の首都などで会議を行い、各国が守るべきガイドラインをつくることが仕事なので、それをつくった場合、そのガイドラインを実際に実施していくのは、それぞれの国の政治家や官僚です。

*1　世界保健機関（WHO）……World Health Organization
*2　世界食糧計画（WFP）…… World Food Programme

……これが、国連の場合の「やる人」です。

……ま、例外はありますが。

> 国連には40以上の機関がある。ほとんどの組織は、どこかの国の首都などで会議をし、各国が守るべきガイドラインをつくるのが主な仕事だが、例外的な活動を行っている組織が4つある。
>
> それらは、直接、途上国の現場（田舎）で活動することも多い、WFP、国連難民高等弁務官事務所（UNHCR）、国連平和維持活動（PKO）、ユニセフ、の4つである。このうち最初の3つは、紛争地帯などでの緊急援助を行う。
>
> 途上国で直接的な活動を行う国連機関の場合、「考える人」「つなぐ人」は、本文と一緒だが、「やる人」は異なる。通常国連は、途上国現地で、その国では比較的エリート層にあたる、大学を出て英語が話せる、優秀な人材を現地のローカル・スタッフ（ナショナル・スタッフ）として雇う。こうしたスタッフが、実際に現地で動き回り、「やる人」に相当する活動を行う。

*3 国連難民高等弁務官事務所（UNHCR）
……United Nations High Commissioner for Refugees

⑤ そもそも、国連って何？

早紀　そもそも、国連って、なんなんですか？

山本　国連とは、世界中にある193※の国が集まって、世界で起こっている問題についての話し合いをする場所です。話し合いをして、国連に加盟している国が守るべき「ガイドライン」をつくるのが、主な仕事です。ただ、ガイドラインには「法的拘束力」がない（それを守らなくても、罰則がない）ので、一部の重要なガイドラインについては、法的拘束力のある「条約」や「議定書」などがつくられることがあります。例えば、「女子差別撤廃条約」（1979年）や、地球温暖化を防ぐための「京都議定書」（1997年）などです。

早紀　あ、それ知っとる！　知っとる！

山本　「話し合いの場」なので、主に、どこかの国の首都などの大きな会議場に、各国からの代表が集まって会議をします。ですので、国連が「途上国の田舎」で国際協力的な活動を直接的に行うことは、実際のところ、そんなにありません。

早紀　そうなんや……。

山本　また、国連には、いくつかの問題もあります。

＊　2020年3月現在。2011年7月に南スーダンが加盟した。

早紀　問題？

山本　そもそも国連で決めたことは、ガイドライン（参考意見）にすぎないので、別に守らなくてもよいことや、仮に条約や議定書と呼ばれる法的拘束力のあるものをつくって も、それに対して、各国の議会が承認（批准という）しなければ、やっぱり守らなくてもいいんです。

> ちなみに、日本は次のような条約や議定書を批准（または署名すら）していない。
> ①核兵器禁止条約、②ジェノサイド条約（集団殺害防止条約）、③人身売買議定書、④障害者権利条約、⑤死刑廃止条約（国際人権規約の一部）

早紀　えっ、守らなくてもいい？　じゃ、国連って意味ないんじゃないですか⁉

山本　そういう意見もあります。実は、それよりも、もっと大きな問題があります。歴史から話しますが、1945年に第二次世界大戦が終わりました。アメリカ・ソ連・中国などの「連合国」が勝って、日本・ドイツ・イタリアなどの国が負けました。

早紀　えっ？

山本　つまり、日本語では連合国と国連（国際連合）という、（戦中と戦後では）違う名前になっていますが、英語では全く同じだ、ということです。

早紀　へぇー。

山本　この国連の中心となっている5つの国は、世界を都合よく支配するために、国連で、自分たちに都合の悪い決定をできなくしました。これを、「拒否権」といいます。国連の中心となっている、アメリカ、ロシア（ソ連）、中国、イギリス、フランスの5つの国がもっています。都合の悪い決定が国連で行われようとすると、拒否権を使って、それを決議できなくすることができます。

早紀　最悪……。

山本　さらに、この5つの国は、核兵器を独占しようとしました。核拡散防止条約（1968年）という条約をつくり、「この5か国だけが、核兵器をもってもよい、ほかの国は、もってはいけない」という、大変、不平等

早紀　な条約をつくってしまいました。よく、核兵器をもとうとする「イラン、北朝鮮、シリアなどは悪い国だ」とアメリカはいいますが、そもそも、おかしいのは……。

山本　その条約！

早紀　そうです。このように、大きな問題を抱えているのが国連という組織ですが、現在、「たくさんの国が集まって、世界で守るべきガイドラインをつくる場所」としては、事実上、国連くらいしかないため、いろいろ問題はあるものの、この「話し合いの枠組み」を使って、各国が議論をしている、ということです。

山本　国連って、いらないんじゃないですか!?（怒）いらないって思う！ま、一応、中庸（ちゅうよう）な意見としては、まず、「国連改革」を進めようと、いくつかの国ががんばっています。要するに「5つの国から拒否権をとりあげる」のが必要なことなのですが、すでに拒否権をもっている5つの国は、決してそれを手離そうとしないので、非常に困難な状況だ、ということです。

⑥ 政府の「考える人・つなぐ人・やる人」

山本　次は、日本政府が国際協力を行う場合について、説明します。基本的には、外務省の人たちが、何をやるか、決めるんです。

早紀　外務省だけで？

山本　話を簡単にしますね。そうです。外務省が「考える人」です。そして、その外務省から依頼された仕事をする団体が、国際協力機構（ジャイカ）です。ここに、国際協力機構職員（ジャイカ職員）と呼ばれる人たちがいますが、これが、「つなぐ人」にあたります。

実際は、日本政府の国際協力、すなわち、途上国を支援するための仕組みと、その予算である政府開発援助（ODA）と呼ばれるものは、「4層構造」になっている。
① 内閣府の「海外経済協力会議」が全体の戦略
② 外務省などの省庁がつくる（途上国ごとの）「国別国家戦略」

③その実施機関となる、ジャイカ

④そのさらに下請けをするのが、開発コンサルタント会社、NGO、大学、商社などの企業

つまり正確に言えば、「考える人」は内閣府と外務省などの省庁、「つなぐ人」はジャイカなどだ、ということになる。

早紀　ジャイカは政府の一部ってことですか……？

山本　一応、表向きは、「独立行政法人」ということなので、政府の外の組織のはずなんですが、実際は、ジャイカの理事のほとんどが、各省庁からの「天下り」で就任してしまっています。この点については、やはり問題ではないかと私は思っています。さて、ジャイカ職員の仕事は「つなぐ人」だと言いましたが、何をつなぐかと言いますと、人と物と金を、つなぎます。

早紀　はい、さっき、聞きました。

山本　より具体的に、説明しますね。実は、日本政府が行っている国際協力の形態は、「要請主義」という形をとっています。つまり、途上国政府からの「お願い（要請）」があって、初めて動

早紀　途上国のほうから、お願い？

山本　そうです。

例えば、カンボジアの政府が、「ここに道路と橋をつくりたい」と、まず思うわけです。そこでカンボジア政府の政治家か官僚が、カンボジアにある日本大使館の大使に対して、「ここに道路と橋をつくるのを手伝ってもらえませんか？」という「お願い（要請）」をします。カンボジアにいる日本の大使は、それを日本の外務省に（ファックスなどで）連絡します。外務省は、それを受け取った後、その「お願い」を受けるかどうか、相談します。

お願い（要請）には、いろいろな形がありますが、

①道路や橋をつくるために、お金をあげる場合、

②道路や橋をつくるために、お金を貸す場合、

③道路や橋をつくるための、技術を教えてあげる場合、

などがあります。なんで、こんな話をしているかというと、つまり、「つなぐ人」である、ジャイカ職員の仕事は、お金や物を用意するだけではなく、道路や橋をつくるための「技術」をもっている「人」を用意したりすることも必要になる場合がある、ということです。①・②・③のうち、全部を行う場合もあ

＊　日本政府が行う援助のうち、①を無償資金協力（贈与）、②を有償資金協力（貸し付け、円借款）、③を技術協力、という。

早紀　りますし、1つか、2つしか、行わない場合もあります。

山本　へぇー、「お金をあげる・貸す・技術を教える」の3つがあるんですね。

早紀　で、最後に「やる人」ですが、政府系の国際協力の場合、「やる人」は「要請」をしてきた途上国政府自身です。つまり、途上国の政府、政治家、官僚、公務員などが、プロジェクトをやる人たちなんです。

山本　意外‼

早紀　日本からお金を出してもらい、道路や橋をつくるための技術も協力してもらう「手はず」になった。その上で、実際に道路や橋をつくるのは、依頼してきた途上国政府が、自分で責任をもって実施する、という形態が、日本政府の行っている国際協力の、ま、基本的な姿勢です。
これを「要請主義」というわけです。

政府系の国際協力の場合、「やる人」は途上国の官僚などだ、と述べたが、実際は、ジャイカから1年契約などの期間限定で雇われた、民間の開発コンサルタント会社の技術者や大学の先生、医師などの専門性をもつ人が、「ジャイカ専門家」として活動することもある。この人たちは「つなぐ人」と「やる人」の中

間の仕事、あるいは、その両方の仕事をする場合もある。

⑦ 民間の「考える人・つなぐ人・やる人」

山本　次は民間のNGO・NPOの場合です。
　　　どのNGO・NPOにも理事会といって、10人くらい、理事と呼ばれる人たちがいます。組織の中の、偉い人がいるわけです。大きい組織の場合、組織内での選挙で選びます。

早紀　それぞれのNGOやNPOにおるってこと？

山本　そうです。その理事たちが「考える人」で、団体として、何をやるか考えるわけです。そこで決まったことをやるのが残りの全員、ということ。基本的には、やはり日本側で働く「つなぐ人」が多いです。途上国の現地に人を行かせるには、お金がかかるんで、渡航費とか、生活費とか。普通、NGOの予算は少ないので、現地に行けるのは、多くて数人とかの場合が多いです。

早紀　途上国にずっと滞在すると、金額、けっこういきますよね……。

山本 途上国のホテルの中には、500円以下で泊まれるところもあるけど、女性が強姦されたり、物を盗まれたりすることがあるので、セキュリティー（安全性）の面が心配になります。

早紀 怖いですね……。うう……。

山本 セキュリティーが信頼できる、ある程度以上の格のホテルに泊まらないといけないと思います。

また、日本人が現地にずっといるとお金がかかるので、ある程度、長期的な活動の場合は、現地スタッフを雇うか、現地の協力者を見つけるのが普通です。で、このスタッフが、現地語をしゃべれるので、学校や病院の監督などを田舎で行う、ということになります。

つまり、途上国の首都などにいる先進国から来たスタッフと、途上国の田舎の現場にいる雇われた現地スタッフが「つなぐ人」で、彼らから支援を受けて、学校や病院を運営している村のコミュニティーの人たちが、「やる人」ということになります。ただし、NGOの場合は人数が少なく、活動も小規模なことが多いので、ある程度、つなぐ人も、やる人も、ごちゃまぜで活動している場合も多いと思います。

第3章 国連・政府・民間NGOの表と裏——まとめ

① 国連と政府の職員は有給。民間のNGO・NPOは無給か薄給。
② 国際協力をするには、「考える人・つなぐ人・やる人」が必要。
③ 「考える人」は、プロジェクトの目的・手順・予算などを策定する。
④ 「つなぐ人」は、実施に必要な「人・物・金」を用意し、調整する。
⑤ 「やる人」は、途上国の現地で、実際に直接的な活動をする人。
⑥ 「やる人」は、緊急援助では外国人、開発援助では現地の人。
⑦ 国連は、理事国が考え、国連職員がつなぎ、各国政府がやる体制。
⑧ 政府は、外務省が考え、国際協力機構(ジャイカ)職員がつなぎ、途上国政府がやる体制。
⑨ 民間NGOは、理事会が考え、職員がつなぎ、村のコミュニティーなどがやる体制。

第4章

どこで、国際協力をやるのか？

① どこで、やると思いますか？

山本　国際協力は、どこでやると思いますか？ 助けを求めている場所。例えば、安心して生活ができんとことか、内戦があったりとか、食べるものに困っとったりとかすることこ……。
早紀　はい。では、その場所を、どうやってあなたは調べますか？
山本　う〜ん……。どこで調べる？
早紀　グーグルなどで検索するんですね。なんてキーワードで検索するんですか？
山本　「国際協力　現地」の2つ。
早紀　それじゃあ、出ませんね……。
山本　悔しい！（笑）
早紀　では、具体例を……仮にあなたが、どこかの国に学校をつくりたいと思ったとしますよね。じゃあ、パッと、あなたのイメージで、学校が足りなくて困ってそうな国は？　なんていう国の名前知っていますか？
山本　カンボジア……。
早紀　じゃあ、カンボジアにしましょう。

*1　国連開発計画（UNDP）……United Nations Development Programme

② インターネット上で、国際機関のもつ情報を得る

山本 さてカンボジアといっても、学校がたくさんある首都や、学校が全然ない山奥もあるわけですよ。それを、どうやって調べるかって話ですよ。そのプロジェクトをするのに一番よい場所は、「学校に行きたいと思っている子どもや、子どもを学校に行かせたいと思っている親がたくさんいるけれど、そこに学校がない地域」です。それをなんとかして調べなければいけないんです。どうやって調べるかというと、5つの方法があります。

1つ目は、国連のデータを見ることです。

まずは、カンボジアという国全体で、学校がどのくらい足りていないかを調べます。これには、国連の組織の中の、国連開発計画（UNDP）という組織のホームページにある、「人間開発報告書*2」という文書を、見るのがいいです。この報告書の中に、その国の大人の人が、子どもの頃、何年間学校に行っていたのかを示す、「平均就学年数（Mean years of schooling）」という項目があり

---

*2 人間開発報告書……1990年より毎年、国連開発計画（UNDP）が発行。
http://hdr.undp.org/en/reports/global/

早紀　ます。すると、カンボジアの人は、約5年しか学校に通っていないことがわかります。日本は、平均で約13年、通っていますから、約半分です。これだけを見る限りでは、カンボジアに、もっと学校は必要かもしれません。

山本　そうですね！次に必要になるのが、「その国の、特にどの地域に学校が足りないか」という情報です。カンボジアの場合は、国連教育科学文化機関（ユネスコ）[*1]が、ウェブ上に関連した情報を掲載しています。

> ユネスコのサイトを見ると、カンボジアの中で、セカンダリー・スクール（中学校・高等学校）への就学率が低い州は、①ラタナキリ州（Ratanak Kiri）17％、②モンドルキリ州（Mondul Kiri）22％、③オッドーミエンチェイ州（Otdar Meanchey）31％、ということが、図表などに示されている。

山本　もっと詳しい情報を知りたい場合は、カンボジアでも活動している国連機関の1つである、国連児童基金（ユニセフ）などにEメールを送り、自分たちの団

---

*1　国連教育科学文化機関（ユネスコ）
　　……United Nations Educational, Scientific and Cultural Organization (UNESCO)

早紀　体の概要を説明し、やりたいプロジェクトを伝え、その上で、学校が足りない地域や「ユニセフさんだけでは手が足りない地域を教えてください」という趣旨のEメールを送る必要があります。英語でEメールを書くことになります。

山本　え、英語っ！……勉強せないかんな—。

早紀　英語の手紙を書くのに自信がない場合は、カンボジアの現地にあるユニセフ事務所に、直接行き、お願いするのが有効です。私なんかは、だいたい、この方法をとっています。そのほうが、話が早いからです。

山本　山本さんは。見かけによらず（笑）。行動派ですね！

早紀　……。あなたが所属している団体の信頼性や、あなたがやろうとしているプロジェクトの適切性にもよりますが、だいたいの場合、教えてくれると思います。ともかく、まずは、大量のデータをもっているはずの国連などの国際機関のホームページを、インターネット上で検索し、それで見つからない場合は、Eメールを送り、それでダメなら、もう現地事務所に直接行く、ということです。

　また、学校など教育関係ならユニセフやユネスコ、医療なら世界保健機関（WHO）、環境問題なら国連環境計画（UNEP）*2、労働問題などなら国際労働機関（ILO）*3など、その分野に対応した国際機関を調べないと意味がありません。国際機関にどんなものがあるかは、インターネット上でよく調べてくださいね。

*2　国連環境計画（UNEP）……United Nations Environment Programme
*3　国際労働機関（ILO）……International Labor Organization

③ その途上国政府や地方自治体がもつ情報をもらう

山本　2つ目が、その途上国にある省庁に行くことですね。途上国によっては、そもそも学校などをつくる活動をする時に、その途上国の省庁の許可を得ないと、やらせてもらえない場合があります。あなたが所属する省庁がNGOの場合、「NGO省」などという名前の（援助団体を統括する）省庁に、まず団体を登録する必要がある場合もあります。

勝手に学校をつくってしまった場合には、罰せられるってこと？

早紀　その場合もありますね……。

山本　は〜、そうなんや……いろいろと大変だな〜。

早紀　どうやって政府と接触したらよいかわからない場合は、すでに同じような活動をやっている団体（ほかのNGOなど）の事務所を訪れ、その担当者から教えてもらうのが早いと思います。国際協力をやっている人は基本的に優しい人が多いので、いろいろ教えてくれます。で、政府から活動の許可をとった後に、関係する省庁から必要な情報をもらいます。学校が足りない地域を知りたいなら、教育省（文部科学省）を紹介してもらう。もっと細かい、現場に近い情報

早紀　友達の友達は、みな友達？

山本　そういうことです。

❹ 地元の有力者の意見を聞く

山本　以上から、だいたいの候補となる村々の目星をつけたら、直接その村々に行ってみることになります。普通は首都などで、四輪駆動の自動車と運転手と地元の言葉がしゃべれる通訳などを雇って、田舎へ行くわけです。

　で、（5つの情報収集のうちの）3つ目にやるのが、地元の有力者たちとの会合ですね。地元の有力者は、だいたい、村長さんと、宗教団体の長（キリスト教やイスラム教などの聖職者）。あとは、途上国は多民族国家が多いので、そ

（前文：を知りたい場合は、地方自治体から情報をもらうのが妥当です。国によりますが、州とか、県とか、郡とか、村とかの教育を担当する部署から、データをもらうのがよいです。これも、同じような活動をしているNGOや政府から紹介してもらうなどの方法が、普通だと思います。）

早紀　の地域にいる、それぞれの民族の族長にあたる人。ケニアとかだと民族は40以上、エチオピアは80以上あって、言葉も違うんだけど……まぁ、そういう場合は、その地域にある複数の民族の長に会うわけです。

山本　大変……。

早紀　大変です。そのほか、一般的な偉い人にも会います。近くの学校の校長先生や、病院の院長先生、伝統的宗教の祈禱師(きとうし)さんなど。以上が、地元の偉い人たちですが、そういった人たちに、聞くわけです。「この辺学校足りないですかね？　学校行きたいけど行けない子いますか？」と、聞いて回るんです。

山本　その情報集めるのすごく時間かかるやん……「むむむ」ですね。

早紀　そうですね。でも、必要な調査の1つだと思います。

⑤ 社会的弱者から話を聞く

山本　大体、このあたりまでで、その地域で学校が本当に必要かどうかという話は見えてくるんですけども、実はここまでは、偉い人たちだけと話をしてきたんで

第4章 どこで、国際協力をやるのか？

早紀　すよ。国連だろうが、国だろうが、村長だろうが、偉い人ですよね？　というわけで、4つ目は、弱いほうの人たちから、話を聞きます。世の中には「社会的弱者*」、社会的に弱い人っていう考え方があります。どんな人だかわかる？

山本　う〜ん、そうやなー。思うように体が動かせないような人……とか？

早紀　そうですね。解答を言うと、社会的弱者とは、障害者。そして、女性。アジアやアフリカの途上国では、昔の日本のように女性は投票権をもたず、政治に参加できず、家庭内でも夫の言いなりになっていて、自分の意見を言えないことが多いので、なんとかして、女性が意見の言える場をつくることですね。
　次は、子ども。子どもの権利条約というのが、1990年頃にできたんですが、ともかく、子どもも、1人の立派な人間なので、「子ども自身がどう思っているのか」を必ず聞くこと。特に学校をつくる場合は、とても重要なことになります。子ども自身が、学校に行きたいと思ってなければ、（我々や大人が、学校があったほうがいいと勝手に思っていても）実際は、学校をつくる必要がないかもしれないわけですから。
　つくっても「いらん！」って言われたら泣きそう……。

山本　次は、高齢者。高齢者は忘れられがちですが、その地域の昔からの伝統・文化・宗教を、最もよく知る人です。現地文化を尊重する姿勢を見せるためにも、

＊　社会的弱者……the socially vulnerable groups。または、marginalizedという形容詞を使って表現されることが多い。

なるべく会ったほうがいいです。

また、少数民族、少数宗教を信じている人たちは、どの国でも迫害される傾向があります。

あとは、病気ですね……エイズ、ハンセン病、結核などです。だいたい、どこの国でも、差別を受けています。

以上のような、社会的弱者の話を聞くのは、私は非常に大切かな、と思います。

早紀　私も、そう思います！

⑥ 統計調査、アンケート調査

山本　最後、5つ目が、自分でアンケート調査や統計調査をする、ということですね。

ある程度、「ここでやろう」と狙いを絞った「ある村」において、その村で「本当に学校をつくることが必要かどうか」を住民たちに確認するためのアンケート調査をするのです。地元の協力者を使って、100人以上に回答してもらうのが妥当です。

早紀　どんな質問に回答してもらうんですか？

山本　例えば、教育の問題を調べたい時は、まず性別と年齢を書いてもらった上で、次のような調査をし、集計します。

① (25歳以上の大人に対しては) 昔、何年くらい学校に通っていたか？
② (25歳未満の子どもの場合) 今、学校に通っているか？
③ あなたは学校に行きたいか？（子どもを学校に行かせたいか？）
④ 子どもは、何歳まで学校に行けばよいと、あなたは思うか？
⑤ 女性は学校に行く必要があると思うか？（途上国では女子は行かない）
⑥ 子どもが学校に行っていない場合、その理由は何か？
⑦ 最も近い小学校までの距離は、あなたの家から何キロメートルか？
⑧ 最も近い中学校までの距離は、あなたの家から何キロメートルか？
⑨ 学校に給食は必要か？（栄養状態改善、学校へ行くモチベーション）
⑩ 学校で給食がもらえれば、学校に行くか？（子どもに行かせるか？）
⑪ 子どもは、農業や家事（水くみなど）で1日何時間くらい働いているか？
⑫ 主な子どもの仕事は何か？（これを減らすプロジェクトを同時に実施）

> ⑬ この村に学校が必要だと思うか？（ニーズの把握）
> ⑭ 学校があると、どんなよいことがあると思うか？（上位目標に関係）
> ⑮ この村に、学校の先生ができそうな人はいるか？（教師の候補者の把握）
> ⑯ あなたは、読み書きができるか？（学校の教師の候補にするため）
> ⑰ 学校の先生の月給は、いくらが妥当だと思うか？（維持費の把握）
> ⑱ 学校をつくった場合、先生の月給などを皆で負担してもよいと思うか？
> ⑲ 学校の建物を建てるためのお金を、皆で負担してもよいと思うか？
> ⑳ 学校をつくり、それを運営していく「メンバー」になる気はあるか？

早紀　あ、これなら、できそう！

山本　ともかく、以上の５つの方法で、「どこで、国際協力をやるのか？」を考えるわけです。覚えていますか、５つ？

早紀　うう……。

山本　① 国連などのサイトをチェックし、
　　　② 政府の担当部署からも許可と情報をもらい、
　　　③ 村の有力者の話を聞いて、

④社会的弱者も忘れずに、
⑤アンケート調査もやる。

この5つ全部やれば、だいたい完璧に状況がわかると思いますね。

⑦ そもそも世界では

山本　どこでやるかの話の最後ですが、今までの話を「ぶち壊す」話をします。

早紀　ぶち……壊す⁉

山本　それは何かといいますと、「学校つくりたい」と、あなた言いましたよね。あなたは、「なんとなく知っている国の名前は？」と聞かれて、「カンボジア」と言いましたよね。ところが、さっき紹介したUNDPのサイトをよく見ると、190くらいの国の「平均就学年数」が掲載されているわけです。「大人の人が、子どもの頃に、どのくらい学校に通っていたか」の年数です。日本は約13年で、カンボジアは約5年だっていいました。ところが、アフリカのブルキナファソって国では、それが「1.6」って書いてあるんです！

早紀　ええ〜!!　1・6⁉

山本　つまり、この国の人たちは平均で約2年しか学校に通っていない。

早紀　さらに仲良く言えば、平均で約2年というのは、どういうことかというと、皆が学校に、仲良く2年ずつ通っている、というわけではなくて、首都にいて、ヨーロッパやアメリカと貿易をしているすごいお金持ちの子どもだけで、小学校から大学まで16年くらい通っていて、そういう金持ちが人口の2〜3％いるのに、一方でほかの国民は、全く学校に通っていないということで、平均すると約2年ということになる、ということです。似たようにひどい国として、チャドとかニジェールがあります。これらは全部、アフリカの「サハラ砂漠より南」にあります。

山本　勉強したくても勉強できないような環境に子どもが……。

早紀　勉強したいかは直接子どもに聞いてみないとわかりませんが、学校に行っていない子どもたちがたくさんいる、のは間違いありません。

山本　難しいっ……。

早紀　……。ところで最後に、もう一度、話を「ぶち壊し」ますが、日本にも、たくさんの問題があるのに、なんで、わざわざ途上国まで行って、国際協力なんかをやるんでしょうね？　その理由が、わかりますか？

平均就学年数 Mean years of schooling
……25歳以上が(子どもの頃に)受けた学校教育の平均年数

● 上位の国

ドイツ(ヨーロッパ)	14.1
スイス(ヨーロッパ)・アメリカ(北アメリカ)	13.4
カナダ(北アメリカ)	13.3
エストニア(ヨーロッパ)・イスラエル(中東)・リストニア(ヨーロッパ)・イギリス(ヨーロッパ)	13.0
ジョージア(ヨーロッパ)・日本(アジア)・ラトビア(ヨーロッパ)	12.8
オーストラリア(大洋州)・チェコ(ヨーロッパ)・ニュージーランド(大洋州)	12.7
オーストリア(ヨーロッパ)・デンマーク(ヨーロッパ)・ノルウェー(ヨーロッパ)・スロバキア(ヨーロッパ)	12.6

● 4年以下の国

アフガニスタン(中東)・エリトリア(アフリカ)	3.9
ベナン(アフリカ)	3.8
ガンビア(アフリカ)・スーダン(アフリカ)	3.7
シエラレオネ(アフリカ)	3.6
モザンビーク(アフリカ)	3.5
ギニアビサウ(アフリカ)	3.3
イエメン(中東)	3.2
ブータン(アジア)・ブルンジ(アフリカ)・セネガル(アフリカ)	3.1
エチオピア(アフリカ)	2.8
ギニア(アフリカ)	2.7
チャド(アフリカ)・マリ(アフリカ)	2.4
ニジェール(アフリカ)	2.0
ブルキナファソ(アフリカ)	1.6

● 地域ごと

ヨーロッパ・中央アジア	10.2
ラテンアメリカ・カリブ海諸国	8.6
東アジア・太平洋諸国	7.9
アラブ諸国	7.1
南アジア	6.5
サハラ以南アフリカ	5.7
世界	**8.4**

国連開発計画(UNDP)「Human Development Report 2019」より

早紀 ええっ、そんな、突然……。

山本 この続きは、第7章（165ページ参照）で、じっくり解説しますね。

第4章 どこで、国際協力をやるのか？——まとめ

① インターネットで、国連がもつ情報を検索する。
② 国連機関に直接Eメールを送ったり、事務所へ行ってみたりする。
③ 似た活動をしている団体から、途上国政府の担当部署を紹介してもらう。
④ 途上国政府から活動許可をとり、情報をもらう。
⑤ 途上国の地方自治体の担当部署から情報をもらい、人脈をつくる。
⑥ 途上国の田舎の現地に入り、村長などの有力者から話を聞く。
⑦ 忘れられがちな社会的弱者からも話を聞く。
⑧ 村の人々に対し、本当に望んでいるか、必要かのアンケート調査をする。
⑨ そもそも、ほかの国で、もっと困っていないか、最初に考える。
⑩ 日本にも多数の問題があるのに、あえて途上国で活動する理由を熟慮する。

第5章

何を、国際協力としてやるのか？

① 何をやると思いますか？

山本　さて、国際協力って何をやるものでしょうか？

早紀　国際協力は、困っている人を助けること！

山本　はい。具体的にはどういうことをしますか？

早紀　食べ物がなくて困っとったりとか……病院がなかったりとか……勉強がしたいと思っとる子に対して、手を差し伸べたり……します。

山本　はい。ではさっき、カンボジアに学校をつくる場合の例を話しましたが、結局、その「学校に行きたいのに行けない子が、どこに多いのか？」ということを調べるために、調査が必要だという話をしましたよね？

早紀　聞きました。

山本　調査には、5つあるという話をしましたが、地元の人にアンケート調査をすると、いろいろな希望や不満が出てくるわけです。

例えば、ある人は、①学校もないけれど、それよりもカンボジアの最大の問題は、政治家の汚職だとか、②貧しい人とお金持ちの差がどんどん広がっていくのが問題だとか。ほかにも、③病院で医師や門番に賄賂を渡さないと診てもら

第5章　何を、国際協力としてやるのか？

山本　えないのが問題だとか、④昔やっていた戦争のせいで地雷がまだ残っているのが問題だとか、⑤農業のために灌漑用水を引きたいとか。
で、教育に関する問題についても、たしかに学校のない地域もあるんですが、実際、その地域の子どもに聞くと「別に学校に行きたくないし」という意見や、大人に聞いても「小学校卒業しても中学もないし、教育を生かせる職場もないし。もし運よく中学を卒業できて首都に出て働こうと思っても失業率が高く雇ってもらえないし。結局、親から仕事を教わって、子どもは家業の農業を継ぐだけだし」という意見もあります。
学校教育が生かせる場所がない……か。……うーん。
だったら、なんで教育が必要なんだろう、という意見もあります。もちろん一般的には、学校教育は「子どもの未来の可能性を広げる」ために大切で、知識を得るのはいろいろな理由で有用だ、という意見が主流ではありますが。
ともかく、いろんな人がいろんな考え方をもっていますが、現地には大筋で、
①「こういうことをしたい」という願いと、②「こういう不満を解決したい」という願いの、大きく2つに人間の欲求は分かれると思います。こうした現地の人々がもつ「願い」を、「現地のニーズ」といいます。

早紀　求めていること、ですね！

山本 そうですね。ニーズ (needs) は、必要なこと、需要、という意味。要するに、「何を、国際協力としてやるのか?」ということを考える場合に、最初に知らないといけないのが、「現地のニーズは何か?」ということ。勝手にこっちで想像して、こういうの困っとうやろうな、とか、あれしよう、これしよう、(自分が) あれしたい! これしたい! ではなくって、「ニーズに応えられるようなことをせないかん」っていうことですよね。

早紀 えっ。

山本 そうですね。全くおっしゃる通りです。

② 現地のニーズを調べる方法は?

山本 なぜ、こういうことを言うのかというと、初心者の方に多いのが、「自分がよいと思ったことをやると、現地の人も喜ぶだろう」と思い込んでしまっていることです。

早紀 たしかに。

山本　例えば、学校をつくりたいと思って学校をつくるわけですが、実際にそれは必要なものではなかったり、余計なお世話だったりすることもあるわけですよ。さっき、「どこに学校をつくるべきなのか」を調べる方法の話をしましたが、同様に、「ニーズを知るため」に必要な、5つの調査方法というのがあります。

早紀　さっき話した5つの調査方法を覚えていますか？

山本　はい。ジャジャーン！
①インターネットで国連などを調べるっ！
②政府の省庁に聞くっ！
③現地の村長さんとか、お偉いさんに聞くっ！
あとは……あと……は……。
あとは、
④社会的弱者に聞いたり、
⑤実際に現地でアンケート調査をしたりすることで、本当の現地のニーズがわかってくると思います。

村のコミュニティーなどに対して、現地のニーズを探る場合は、次のような、

③ 国際協力の5つの分野、まず4つ

> 「抽象的な質問でのアンケート調査」をする場合もある。
> ① 何か新しく、自分たちでやってみたいことはあるか？
> ② 何か改善したい問題はあるか？
> ③ 外国人に、手伝ってもらいたいことはあるか？
> ④ 10年後くらいに、この村が、こうなっていたらいいな、というビジョン（理想の状態）は何か？
> ⑤ この村が、100年後まで、ずっと幸せでいるためには、何が重要なポイントだと思うか？
> これらの質問に代表されるように、国際協力を実施する上でのポイントは、現地のニーズに基づいた上で「持続可能性」にも配慮することが求められる。

山本　ほいでですね……。

早紀　「ほいで」って、古くないですか（笑）。

山本　……。「ニーズ」は、大枠で、5つの分野があるんですよ……。*

早紀　①政治、②経済、③教育、④医療、⑤環境。

山本　ほいっ！
「政治」に含まれる問題は、戦争や内戦を防いだり、戦後の平和を構築したりしていくことです。地雷の処理をするのも、この政治の分野です。
さらに、途上国ではだいたい女性の権利が低いので、女性に政治への参加資格を与え、女性以外でも、差別にあっているさまざまな社会的弱者に対する偏見や差別をなくすことなどです。こういうのを、人権への配慮といいます。

早紀　女性は差別にあうんや……。

山本　「経済」については、最初に来るのが、貧困の克服だと思います。経済の発展のために、よく行われるのが「インフラ」をつくってあげることです。

早紀　インフラ？

山本　英語で、「infrastructure」のことで、社会を下から支える社会基盤のことです。
要するに、道路・鉄道・発電・送電・上下水道などです。これらがないと、どんな産業も発展できませんから。

早紀　たしかに。

山本　ただし、経済の発展よりも、もっと重要なのが、「貧富の差の拡大」を防ぐこ

* 分野の分け方は、それぞれの団体によって、全く異なります。ここで紹介するのは、あくまで参考程度と考えてください。

とです。日本人の多くの人が誤解していますが、途上国では、国民全員が貧しいわけでは決してなく、1割の人がお金持ちで、9割の人が貧しいんですね。で、その貧富の差が、さらにどんどん開いていってしまっている、というのが、途上国の実態なんです。

貧富の差の拡大は日本でも起こっていますが、日本の比ではありません。それをなんとかしよう、というのが、経済の分野での「国際協力でやるべきこと」だと私は思っています。

早紀　貧富の差かぁ……。

山本　「教育」は、さっき言ったように、途上国では女性の権利が低いので、女の子は学校に行かせてもらえず、水くみや薪（まき）ひろいなどの仕事をやらされていることが多いのですが、その女の子たちも、男の子と同じように学校に行かせるようにすることが、第一です。

早紀　信じられん……。

山本　あとは、小学校とかをつくって、初等教育までだけ（識字率の改善だけ）を目標とするのか、それとも高等教育まで行かせて、学校の先生とか、看護師とか、コンピューターの技術者などまで育成するのか。もしくは、職業訓練をして、日本などがつくった近くの工場で働けるように、仕事ですぐ役立つ技術を教え

山本　また、援助をする外国人の先生の数には、限りがあるので、外国人は「先生の先生」となって、現地の先生たちに教え方を教え、技術を伝授するのが普通です。こういう立場の指導教官を、「trainer of trainers」といいます。で、教わった途上国の「弟子の先生」たちが、さらに「そのまた弟子」に、教育方法を伝授していくのです。こうなると、未来永劫、教育が伝わります。

早紀　先生の先生？　その人がまた、先生の先生になる？　ややこし……。

山本　「医療」については、いろいろな分野があって、

①医師や看護師が、直接、患者の病気を治す、普通の「診療」

②児童にワクチンを打って、麻疹・結核などになるのを防ぐ「予防接種」

③乳幼児や妊婦に対して定期的な健康の診査をする「健診」

④下痢で死亡する人が多いので、きれいな水とトイレを提供する「水と衛生」

などですね。以上を全部あわせて、「保健」といいます。

早紀　医療って、病気を治すだけじゃないんですね。

＊　開発援助の世界には次の格言がある。「魚を釣ってあげるより、魚の釣り方を教えるほうがよい」。この事例が、まさにこのケースである。

④ 国際協力の5つの分野、最後は環境問題

最後は「環境問題」なんですが、まずは「ゴミ問題」。世界はもうゴミだらけで、途上国ほどひどいんですが、日本でも市町村によっては、ゴミ焼却後に出る灰の埋め立て場が、あと2年でいっぱいになる、というところも出ています。

早紀　えっ!?　……どうするんですか？

山本　困っているんです、どうしようもないから。途上国では、それがもっとひどい、ということですね。そもそもゴミを収集するシステムもないですし……。

2つ目が公害ですね……。日本にも昔、川崎に工場とかがいっぱいあって、煙がモクモクと出て地域の人が気管支喘息になったりしました。

早紀　それ、教科書で勉強しましたよ。

山本　水俣病とか、イタイイタイ病とかもあったんですね。そういう有害化学物質による「地域的な公害」が、経済発展している中国、インド、東南アジアで起こっている、ということです。途上国ごとの地域的な公害をなんとかしようっていうのも立派な国際協力だと思います。

早紀　ほかに問題なのは「地球温暖化」って、なんだかわかりますか？

山本　例えば、「地球温暖化」って、地球全体で起こっている環境問題」です。オゾン層が破壊されて、紫外線がすごく入ってしまって、南極とかの氷が溶けちゃって、海面が上がってきちゃって大変なんですよね？　あれ？　違う？

早紀　そういう認識ですか……根本的にいろいろ間違っています。オゾン層破壊は基本的に地球温暖化とは、ほぼ関係ありません。

山本　地球温暖化って何かというと、1760年くらいからイギリスで産業革命っていうのが始まったんですが、石炭、石油を使って、工場をガンガン回して、煙をモクモク出して、産業を発展させて……二酸化炭素ってわかりますか？　息の中に入っている、CO_2（シーオーツー）でしょ！

早紀　正解です。石油や石炭を燃やすと、地球の大気中にある二酸化炭素の濃度が高くなるんです。それが「温室効果」をもっていて、地球の温度が上昇していきます。2億年くらい前からの植物などの化石が、石油や石炭の正体なんですが、2億年かけて地球が貯めてきたエネルギー源を、わずか最近の200年で……。

山本　一気に人類が、車のガソリンなどにして、燃やしてしまっている、ということが、地球温暖化の原因ではないかといわれています。地球の温度が上がると、2億年を、200年で！

山本 温まった海水が「熱膨張」を起こしてふくらみ、すなわち、海全体がふくらみ、海面上昇が起こって、太平洋にあるツバルなどの島国や東南アジアのメコン川などの河口のデルタ地帯が、消えていってしまう可能性があります。

早紀 消えてくって……。

山本 簡単に言うと、我々が、電気を使った豊かな生活をしているために、地球温暖化が起きている、そして、貧しい国々に迷惑をかけている、ということです。日本の電力の7〜8割は、石油・石炭などを燃やしてつくっている火力発電ですから。今のこの豊かな生活をするために、我々は、今この瞬間も、すごく悪いことをしているのかもしれないんです。

早紀 うーむ……。

山本 もう1つ、地球温暖化が進行すると困るのが、水ですね……。地球温暖化によって、「気候変動」というのが起きていて、簡単に言うと、降水量が、かなり「極端」に変動してるんです。雨がすごく降る地域はもっとすごく降るようになるけど、雨が少ししか降らない地域は全く降らなくなってしまう、ということです。バングラデシュでは雨が多くなり、「サイクロン」と呼ばれる台風が、より強大になって、洪水などが起こり、たくさんの人が死んでいます。

早紀 はぁ〜……。地球はピンチですね……。

第5章 何を、国際協力としてやるのか？

山本 一方、北アフリカなどでは、降水量が減り、水がなくなり、いわゆる旱魃（かんばつ）となって、農業ができず、人々は餓死してしまっています。これが、地球温暖化の恐ろしさですが、その原因となっているのが……。

早紀 私たちの生活！

山本 そうです。2011年の世界のトップニュースの1つは、アフリカの北東にあるソマリアで大旱魃が起こり、1300万人もの人々が餓死しかかっているという国連の発表でした。1300万人といえば、東京都の人口と同じですが、私たちが、電気を使った豊かな生活をしているせいで、同じ数の人々が、アフリカで水も手に入れられず、餓死していく。なんと皮肉なものかと思います。

早紀 ……。

> 国連はソマリアで、「緊急状態」宣言を2011年8月に行った。緊急状態の定義は、「1日1万人あたり2人以上が死亡」すること。例えば、日本でそれが起こった場合、人口を1億人とすると毎日2万人が死ぬ計算になる。これは東日本大震災の死亡者数と同じだが、それと同じ数の死亡が、毎日ずっと続いて起こっている場合をいう。ソマリアでは、さらにその「6倍超」の「毎日1万人

あたり13人が死亡」し続けているのである。

山本　ほかにも、地球全体に及ぶ環境問題としては「生物多様性の消失」があります。生物多様性って聞いたことある？

早紀　知ってる！　減っちゃう！　減っちゃう！　生物がっ！

山本　……。生物多様性って何かっていうと、「絶滅危惧種」というのがありまして、要するに、産業革命以来、人類は世界中で公害を起こし、また、森を切り開いて畑にしてしまった結果、たくさんの生物が滅びてしまいました。1日に100種以上、毎年4万種以上が絶滅しているという説もあります。絶滅していくスピードは、ここ数百年で、昔の1000倍に増えたようです。

＊国際自然保護連合（IUCN）。1948年に設立。111の政府機関と874の非政府機関などが集合している組織。絶滅危惧種のリストである「レッド・リスト」を作成。生物が絶滅していく速度が、年々速くなっていると警鐘を鳴らしている。

＊　国際自然保護連合 (IUCN)
　　……International Union for Conservation of Nature and Natural Resources

早紀　え……信じられん！　じゃあ……100年後とか人類以外、死ぬんですか！?

山本　人類に必要な、小麦とか、牛とかだけが、生き残る（というか、生かされる）のかもしれませんね。それで思い出しましたが、一見、人間の役に立っていない生物が、実は人間の役に立っている、ということもあります。

早紀　えっ？

山本　病気で肺炎とかになった時、治療薬として、ペニシリンなどの抗生物質を……。

早紀　カビ！　カビですよ！　カビっ！

山本　イェイ！

早紀　……そんなことよく知っているね……。

山本　ともかく、今、私たち人間が使っている医薬品の多くは、こうした微生物からできているんですが、今のペースで生物が絶滅していくと（新しい薬をつくるために必要な微生物も絶滅してしまうので）、もう人類は（新しい感染症や耐性菌が発生しても）新しい薬をつくることが、できなくなるかもしれません。そのうち人類は、自然界から大きな「しっぺがえし」をくらうかもしれません。

⑤ 世界の人口増加問題

山本　最後に環境問題の最大のものは、人口増加問題です。
　　　人口増加については、何か知っていますか？
早紀　はい！　食べ物が、足りんくなっちゃう！
山本　うんうん……知ってるね……。現時点で世界人口、何人くらいか知ってる？
早紀　60億人くらいやか？
山本　現在（2011年の時点で）、70億人くらいです。
早紀　増えちゃう原因は何ですか？
山本　人間が増える理由の1つは、本能です。
　　　人間には、自分の体を維持しようとする「個体維持」と、自分の子孫を残そうとする「種族維持」という、2つの本能があります。
　　　これらはもう、本能なので、止められません。
早紀　止められません……ですか。
山本　もう1つの理由は、ほとんどの生物には「天敵」がいて、ある生物の「個体数」が増えると、それを食う動物も増えて、ある一定数以上は、増えないよう

に自然界は、できています。

ところが、人間は武器を開発することによって、昔、人間の天敵だった、トラやクマを、ほぼ絶滅させてしまいました。このため、人間は増え続けてしまい、地球の許容範囲を超えてしまった可能性があります。

早紀　あちゃー。

山本　現在、人間にとって「天敵」となる存在は、「人間自身だけ」です。このためかどうかわかりませんが、人類の歴史が始まって以来、戦争や内戦が起きなかった年は、1年もない、毎年必ず紛争が起きている、といわれています。

早紀　毎年、戦争……。

でも、それは必要なことなんかな??　……えぇっ！

2011年前後だけでも多数の紛争が起こっていた。主なものは以下。

①紛争……南スーダン独立戦争、イスラエル対パレスチナ・アラブ諸国、韓国対北朝鮮、中国対ASEAN諸国（ベトナム、フィリピンなど）、西サハラ（モロッコ対サハラ・アラブ民主共和国）など。

②内戦……「アラブの春」関係（チュニジア、エジプトなど）、リビア、シリア、ソマリア、コートジボワール、アフガニスタン、中国（ウイグル、チベット）、

フィリピン（ミンダナオ）、タイ（南部マレー）など。

山本　もう1つ、人口が増える理由を言うんですが、日本人はあまり宗教をもっていないので、ピンとこないんですが、世界の人々の7割以上は、なんらかの宗教をもっていて、一番多いのはキリスト教とイスラム教です。『旧約聖書』に、こう書いてあるんです。「神様は人間を地上の支配者としてこの世に創造しました。そして、『産めよ増やせよ大地に満ちよ』と言われました」と書いてあるんです、本当に。で、宗教を信じる人にとっては、その教えは「絶対」ですから、もう、しょうがない、ということですね。

早紀　……（人口増加は）止められません……。

山本　以上のように、①本能、②天敵がいない、③宗教、などの理由で、2000年前、キリストが生まれた時には、世界全体でわずか3億人だった人口が、2000年後の現在までに、70億人まで増えちゃった、ということです。

早紀　3億人しかいなかったんですか!?

山本　そうです。この結果、国連などによれば、もうすぐいろんな資源が枯渇してし

山本　「20世紀は石油を巡って戦争が起きたが、21世紀は水を巡って戦争が起きる」
と〈世界銀行の有名な人が〉言っています。あとは何だと思いますか？

早紀　イェイ！　賢くなってきたかも（笑）。

山本　めずらしく正解です。

早紀　水！　……水なくなるやんっ‼

山本　……食べ物以外に何がなくなると思いますか？

早紀　食べ物がなくなっていく……。

まうだろう、といわれています。

山本　それもそうだね……。あとは、一番有名なのは、石油・石炭などのエネルギー資源です。このため、地球温暖化なども起きていますが、それらの資源がなくなってしまえば、電気を使えなくなってしまうかもしれません。石油や石炭がなくなってしまう時期は、70年後から150年後くらいといわれています。でも、このことを70億人の人たちが知ったら、無駄使いしようとしないですよね……。そしたら、少しは〈枯渇するまでの年数が〉延びますか？

早紀　うん……10年くらいはね……。

山本　えっ……そのくらいなん？　もっと延びそうなのに……。

山本　なぜかというと人口はどんどん増えているからなんですよ。国連の人口推計部の発表では、今世紀中に、世界人口は、100億を超えます。

早紀　えぇ〜。じゃあ、どうしたらいいんかなぁ……。新しい資源がいるんやか？

山本　うん……。でも新しい資源を見つけても、また、人類がそれを使い果たしてしまうでしょうね……。

今、日本国内での太陽光発電などの新エネルギーによる発電は、日本が必要とする電力量のわずか1％なんです。太陽光、風力、地熱発電など、全て足しても1％。これから、どんなに日本政府や企業ががんばっても、新技術を開発していっても、新エネルギーでは、日本が必要とする電力の半分までいかないといわれています。また原子力発電は、福島第一原発の事故があったため、少なくとも日本では新しい原発はもうつくられないでしょうから。

早紀　えぇっ……。どうしよう??

山本　ともかく、根本的な問題は「人口増加による資源の枯渇だ」ということです。

人口増加を直接的に抑制することは、キリスト教・イスラム教などの教義に反するため、世界中の国でいっせいに行うことは、残念ながらできない。条約な

どをつくることに、宗教色の強い国が反対するためだ。避妊・中絶などに関しても、キリスト教の最大教派カトリックの指導者である現ローマ法王ベネディクト16世が、基本的に反対の立場をとっている。

このため、国連人口基金（UNFPA）*は、以下の戦略をとっている。アフリカなどの途上国で母が子を出産する場合、毎年のように連続して母が出産すると、未熟児（低出生体重児）が生まれやすく、その子は弱くて死にやすく、また母親も、出産による失血からの貧血で死にやすい。よって、それらを防ぐため、「出産間隔を広げましょう」と呼びかけ、母子の死亡を減らしながら、同時に、途上国における爆発的な人口増加を（間接的に）抑制する戦略をとっている。

人口増加を抑制する、もう1つの方法がある。一般に、「女性に対しての教育を普及」し、女性の高学歴化を図り、また社会で働く女性を増やすと、女性の結婚年齢や出産開始年齢が上がるため、一般に人口増加は抑制される。ちなみに日本では、これが起こっていると考えられる。

持続可能性（サステナビリティー、sustainability）の概念が生まれた歴史を、ここで紹介しておく。1760年代、イギリスで産業革命が発生し、人類が石

＊ 国連人口基金（UNFPA）……United Nations Population Fund

⑥ たくさん問題がありすぎる時の、整理の方法

山本 ここまでで、何か質問や感想は、ありますか？

早紀 感想は、問題がたくさんありすぎて、どこから手をつけていいんかなーって。今、いろいろ話を聞いてるけど……。あたしは何も知らんくて……。なおさら、何を優先したらいいん？　とか……。そういう判断基準が難しいっていうか……。

> 炭・石油などを大量に使い出す。1798年、イギリスの経済学者マルサスが『人口論』を発表し、やがて人口爆発で食糧が足りなくなると警告。1972年、(ローマクラブの)アメリカの経済学者メドウズが『成長の限界』を発表、人口増加による資源の枯渇を訴える。これらを受け、同年、国連環境計画(UNEP)が発足し、1980年に持続可能な開発(Sustainable Development)という概念を提唱。1992年ブラジルの「地球サミット」で全ての国が実行すべき行動計画に「持続可能な開発」が明文化された。

山本　はい、非常によいことを言ってくれましたね。あなただけではなく「世界を救うこと」に興味をもって世界のことを勉強し出す人は多いんだけれども、私が話したように勉強しなければいけないことが……。

早紀　たくさんある！　ありすぎる……。

山本　というわけで「難しすぎるから、私にはちょっと無理。どこから手をつけていいかわからないから……」と思ってやめてしまう人が、ほとんどなんです。

早紀　え⁉　そうなんですか？　そこから突き進もうとか思わないんですか？

山本　思わないんじゃないでしょうか……。

早紀　思わんのかい！（笑）

山本　というわけで、知識が大量に入ってきて、何からやっていいかわかんない時、一番大切なことは、自分なりの「大量の問題を整理する方法」をもつことです。私のやり方を、ご教示いたします。私のやり方は、「ピラミッド型の知識体系」（次ページの図）をつくっていくことです。

早紀　ピラミッド？

山本　例えば、私は、世界の根源的な問題は、2つあると思っています。この2つを、ピラミッドの頂点に置きます。つまり、重要な問題ほど、ピラミッドの上のほうに置いて考える、ということです。ささいな問題は、ピラミッドの一番下に

ピラミッド型の知識体系

**自己実現の欲求
果てしなき欲望**

↑
資本主義・市場経済

世界人口の増加

↑
本能、宗教、天敵の絶滅

国連5大国の拒否権

競争社会の導入

資源の枯渇

貧富の差の拡大

医療格差の拡大

資本主義の改良
欧米型の民主主義の問題
内戦の増加
社会的弱者の人権
核兵器保有の不平等
など…

識字率
初等教育
高等教育
女児の就学
倫理教育
など…

生物多様性消失
地球温暖化
気候変動
地域ごとの公害
ゴミ
など…

食糧価格高騰
失業率の上昇
市場原理主義
ネオリベラリズム
途上国のインフレ
など…

妊産婦死亡
5歳未満の死亡
エイズ・結核・マラリア
新興感染症
耐性菌の増加
など…

| 政治 | 経済 | 教育 | 医療 | 環境 |

※この図は、あくまで「たとえ」です。

置きます。で、その2つの問題というのは、私の考えでは、
①世界人口の増加問題と、②自己実現の欲求、果てしなき欲望、です。
意外な2つ……。でも、この2つが重要だって考えたら、そうかも。

山本　この2つの問題があるために、二次的に、5つの分野の問題が発生してくると、私は考えています。5つの分野というのは、政治・経済・教育・医療・環境です。で、その、それぞれの分野の中に入る問題でも、より重要な問題と、あまり重要でない問題があります。それらを、ひとつひとつ、三角形のピラミッドの中に置いていき、どちらがより優先順位が高い問題かを考え、頭の中で、整理整頓していくのです。

早紀　なるほど。そうすると、すっきりする！　すごい‼　シンプル！

⑦ 自己実現の欲求

山本　人口増加問題については、先ほど詳しく話しました。ですので、もう1つの根源的な問題である「自己実現の欲求」について、話をします。

早紀　自己実現の欲求?

山本　あなたは、「夢をかなえたい」と思っていますよね? 昔の哲学者が、こう言っていました。「人間の欲求は5段階あって、1つの欲望が満たされても、より実現の難しい、より高度な欲求に進んでいく」という内容です。具体的には、

① 食欲などの「本能的・生理的欲求」
② 暴力などで生命を脅かされない「安全の欲求」
③ 家族や組織に属し、「他者に受け入れられていると感じたい欲求」
④ 他者からの「称賛を求める欲求」
⑤ 自分の能力や可能性を発揮したいという「自己実現の欲求」

早紀　それを言ったのは、だれですか?

山本　アメリカの心理学者のマズローという人です。彼の主張を簡単にするならば、本能が満たされ、衣食住が満たされると、より社会的な、より実現の難しい、「ややこしい欲求」をつのらせていく。それが人間だ、ということです。この「ややこしい欲求」こそが、私たちがもつ、「夢」の正体であり、別な言い方をすると、「自己実現の欲求」となります。

早紀　うーん……。

山本　残念ながら、みんなが、この「夢」を実現しようとすると、世界中で大変な問

早紀　どういう問題に発展するんですか？

山本　世界の最大の問題の1つは、資源の枯渇だと私は思っています。人類が増え続け、しかも、ひとりひとりが、自分の夢をかなえようと「行動」した場合、移動するだけでも「石油」などを消費し、パソコンでネットにつなぐだけでも「電気」を消費します。
さらに、目的達成のために、いろいろな「物」を買ったりすることもあるでしょうから、基本的に、資源はだんだん少なくなっていきます。特に、エネルギー源に関しては、心配です。石油は、あと70年分くらいしかなく、原子力発電のためのウランも、80年分くらいです。

早紀　怖い……。

⑧ 問題を整理し、あきらめない

山本　日本は昔、戦争に負けた直後の頃、アメリカ人のような生活にあこがれていま

早紀　した。大きな車に乗って、でっかい冷蔵庫を家に置いて、でっかいオレンジジュースを飲んで、アイスクリームも大きくて……。

山本　それを見ると、日本人も、そんな生活をしたくなるよね……。

早紀　なるなる。したい！　今、食べたくなった（笑）。

山本　戦後、日本人はがんばって働いて、カラーテレビを開発して、欧米よりよい車を生産するようになった。

で、昔の日本がアメリカにあこがれてがんばっていたように、今、中国とインドという人口10億の国が、日本を追い抜こうとがんばっています。中国の経済規模は、2010年にすでに日本を抜きました。さらにインドは、人口増加率も経済発展率も中国より高く、21世紀の終わりには、世界一の経済大国になると言われています。……果てしない人口増加と、果てしない自己実現の欲求によって、何がなくなるか……。

早紀　資源！

山本　そうです。もちろん地球温暖化などの環境問題も、もっと進行するし、生物もどんどん絶滅していくことでしょう。

早紀　本当に……怖い。

だから、私は知識を整理したい時に、ピラミッドの頂点にあるのは２つの問題

だ、と考えているのです。

① 世界人口の増加、
② 自己実現の欲求、果てしなき欲望。

これによって5つの問題が二次的に発生しています。

① 政治、② 経済、③ 教育、④ 医療、⑤ 環境。

と、いうふうに整理するとわかりやすいと思います。

早紀　わかりやすい！　さすが‼

山本　これは、あくまでも私のやり方です。あなたは、私以外の人にもたくさん話を聞いて、自分なりの問題整理の仕方を身につけてくれるとうれしいです。

早紀　参考にします！

山本　だから、膨大な問題を聞いてもこれは無理だ、理解できないと思ってあきらめるのではなくて、「根本的な問題はこれで、二次的に発生しているのはこれだ」と考えると、うまく整理できることが多いと思います。

早紀　そうですね！　整理することですね。
いろんな知識、いろんな問題とかよりも、まず大きいところから考えて、自分で整理をしていく。そっか……落ち着け、あたし……。

第5章 何を、国際協力としてやるのか？——まとめ

① 現地のニーズ（必要とされていること）を調べる。
② 国連・政府・村の有力者・社会的弱者・アンケートから情報入手。
③ 分野は5つ。政治・経済・教育・医療・環境。
④ 政治には、紛争の停止・平和構築・人権の保護など。
⑤ 経済には、貧困の削減・インフラ構築・貧富の差をせばめるなど。
⑥ 教育には、女子の就学・初等教育・高等教育・職業訓練など。
⑦ 医療には、直接の診療・ワクチンで予防・母子の健診・水と衛生など。
⑧ 環境には、ゴミ・地域的公害・地球温暖化・生物多様性消失など。
⑨ 世界最大の問題は、人口増加。今世紀中に人口は100億。資源が枯渇する。
⑩ 最も恐ろしいのは、果てしない人間の欲望。夢と自己実現の欲求。

第6章

どのように、国際協力をやるのか？

① どのようにやると思いますか？

山本　国際協力は、どのようにやることだと思いますか？

早紀　簡単に一言で言うと、上手に？（笑）

山本　どういうのが、上手なんでしょうね……。

早紀　(その国に、なんらかの) 問題があるから、そこで活動をする。

でも、その問題を解決する前に、援助をする自分たちが、さらに余計な問題をつくっちゃう。そうしたことを起こさないこと。

山本　いいこと言うね……たまには。

早紀　賢いもん！（胸をはる）

山本　具体的には、どんな余計な問題を起こしてしまうんですか？

早紀　例えば、カンボジアに行って活動しようとしても、日本から行ったスタッフがみんな病気にかかってしまったりとか、資金が足りんかったりとか、ギリギリになって「学校いらん！」とか言われたり、思いもよらんトラブルに巻き込まれちゃったりして。

山本　拍手（パチパチ）……だいたい正解です（握手）。

早紀　（では、この章は）終わりっ！　チャンチャン♪

山本　正解なんで、終わりでもいいんですけど……。

② 人(ひと)・物(もの)・金(かね)

山本　ま、細かく説明します。どのようにやるのかの初めにくるのは、第3章でも詳しく説明しましたが、国際協力に関わる3種類の人を、覚えていますか？

早紀　……わかります！　①考える人・②つなぐ人・③やる人！

山本　正解です。では、この中で、最も「人数」が多く必要な部分は？

早紀　つなぐ人！

山本　そうです。では、つなぐ人が、そろえるものは？

早紀　①人・②物・③金！

山本　OK。

早紀　あたし、賢い！

③ よかれと思って井戸を掘ったら……

山本　金と物だけじゃなく、人も必要、という話をしましたが、人がもっている「情報」や「知識」「技術」が必要な場合が多いのです。それに関係する、「大きな失敗」を話しておきます。
　有名な事件は、カンボジアで、日本人の大学生のボランティアなどがもっていない地域で井戸を掘ったんです。で、水が出て、村人に与えたんですが、その水の中に、ヒ素という有害な化学物質が入っていて、村の人が神経障害や皮膚障害になってしまい、そのうちの何人かは、死んでしまいました。

早紀　……（真っ青）……そこは、掘っちゃったら、まずかったんですか？

山本　そうです。本当は、井戸から水が出たら、まず日本から水質検査の専門家を連れてきたりして、ヒ素・鉛・水銀など20種類以上の有害な化学物質の検査をしてから、村人に与えるべきだったんですが、それをしなかったために、村人を殺してしまった。

早紀　……助けるつもりが、とりかえしのつかないことになったんですね……。よかれと思ってやったことが、迷惑となる、最も典型的なケースがこれです。

こうした「ありがた迷惑」は、ほかの国でも、ほかの分野でも、たくさん起こっています。ですので、途上国で国際協力をやる場合には、過去に同じような活動をした時に、どういった失敗があったのか、どういった問題が起こったのか、ということを勉強してからはじめたほうがいいと思います。また、そうした「知識」をもつ「人」が、団体の中に必要だ、ということです。

④ 自己満足はダメ

山本　私は、国際協力をするんだったら、「自己満足ではいけない」と思っています。

早紀　気持ちだけでしちゃダメってことでしょう？

山本　ま、その、私のところに、「国際協力をやりたい」っていう学生が、よく来るんですけど、「途上国で一発すごいことをやって、自分の夢を実現したいんです。やってやったぞってのを実感したいんです」ってのが多いんです。

早紀　我欲ですか？

山本　我欲でやっていても、結果としてやっていることが、途上国の人の役に立てば、

早紀　別によいんですが……。
いわゆる、ウィン-ウィン（win-win）の関係で、お互いに利益になる関係になればよいんですが、国際協力の場合は、日本と途上国では、文化や宗教が違ったり、生活スタイルが根本的に違うので、「いいことだから、やってやるぜ」と思ったことが、本当に役に立つかどうかわからない……ということです。現地のニーズを調査することがまず必要だ、という話をしましたが、そうした基本的なことをしないで国際協力をすると、実際のところ、迷惑にしかならないと思います。というわけで、やはり事前に、ある程度の勉強は必要かと。

山本　たしかに。
というのが私の意見ですね。一方で、国際協力が、最も本質的な部分で自己満足であることを、否定する気は全くないです。結局、カラオケ屋に行って歌を歌って自己満足するのも、アフリカに行って死にそうな人を助けて自己満足するのも、どちらも「自己満足である」という意味では同じです。
ただ、違いもあります。アフリカに人を助けに行っても、準備が不十分で、結局、迷惑になることしかできなければ、あなたが自己満足したかどうかはともかくとして、現地の人にとっては、マイナスでしかありません。
ところが、アフリカに人を助けに行く前に、十分な準備をして、ニーズを把握

早紀

し、慎重に改善を重ねながらプロジェクトを実施し、問題の解決に成功したならば、現地の人々は喜ぶことでしょう。あなた自身が自己満足しただけでなく、現地の人々も本当に心から喜ぶことになるのです。

これが、カラオケ屋に行って自己満足のために歌を歌うこととの違いです。

国際協力は、事前によく勉強し、準備をしてからはじめることによって、（自分が自己満足するだけでなく）他人を幸せにできる可能性が増える、ということです。

もう1つ言うならば、「国際協力」とは、結局、自己満足ではあるのですが、それは、心の奥底に沈め、なるべく我慢し、プロジェクトが終わって成功した時、初めてちょっとだけ自己満足を感じるようにして、プロジェクトを実施している最中は、あくまで客観的に理論的に、現地の人々が喜ぶ可能性が高いことを選択していき、迷惑を排除し、持続可能性も達成しながら、地元の人々の長期的な幸せを追求していく「姿勢」のことを、「国際協力」というのだと、私は思います。

うん。うん。

⑤ 数字で結果を出す

山本 次に言わなきゃいけないことは、自己満足じゃないような国際協力をするには どうすればいいか、ってことです。ちょっと、難しくなるんですけども、数字 で結果を出す、ということになります。

早紀 数字……。

山本 嫌いそうですね……。

早紀 嫌い……(笑)。

山本 まず、カンボジアでは、今、大人になっている世代は、子ども時代に、5年間 くらいしか学校に通っていないというデータがありました。 その状況を、例えば9年くらいにまで延ばすことができたら (もちろん、それ を現地の人が望めばの話ですが)、それは、客観的に結果を出したことになる と思います。
しかも、その実現を、10年以内とかの締め切りをもって、自分に厳しくやるこ とが必要なことだと思います。だらだらやって、いつまでも結果が出なければ、 意味がないと思いますので。というわけで……。

*1 人間開発指数 (HDI) ……Human Development Index

早紀　数字で結果を出すことも、大事ってことですね（ため息）。

> 国連開発計画（UNDP）が、毎年発表している各国の開発度である「人間開発指数（HDI）」は、医療・教育・経済の3つの指標の総和で示される。医療からは平均寿命、教育からは平均就学年数など、経済からは1人あたり国民総所得（GNI）。これらは、全て数字として算出される。それらの指標は、どの国が最も開発が遅れているかの1つの参考になる。
>
> ミレニアム開発目標（MDGs）というものがある。国連が2000年頃につくった世界の開発目標だ。8つの目標があるが、例えば、①2015年までに1日1ドル未満で生活する人を半減させる。②2015年までに100%の子どもが男女の区別なく初等教育を修了。③2015年までに5歳未満児の死亡率を3分の2減少。というように、全て数字で結果を出し、かつ締め切りをもって達成しようとしている。

*2　国民総所得（GNI）……Gross National Income
*3　ミレニアム開発目標（MDGs）……Millennium Development Goals

人間開発指数 Human Development Index (HDI)

医療(出生時平均余命)と教育(就学予測年数・平均就学年数)と経済(1人あたりGNI)から算出される。

		人間開発指数 (HDI)	出生時平均余命	就学予測年数	平均就学年数	1人あたり国民総所得 (GNI)
1	ノルウェー	0.954	82.3	18.1	12.6	68,059
2	スイス	0.946	83.6	16.2	13.4	59,375
3	アイルランド	0.942	82.1	18.8	12.5	55,660
4	ドイツ	0.939	81.2	17.1	14.1	46,946
4	香港	0.939	84.7	16.5	12.0	60,221
6	オーストラリア	0.938	83.3	22.1	12.7	44,097
6	アイスランド	0.938	82.9	19.2	12.5	47,566
8	スウェーデン	0.937	82.7	18.8	12.4	47,955
9	シンガポール	0.935	83.5	16.3	11.5	83,793
10	オランダ	0.933	82.1	18.0	12.2	50,013
11	デンマーク	0.930	80.8	19.1	12.6	48,836
12	フィンランド	0.925	81.7	19.3	12.4	41,779
13	カナダ	0.922	82.3	16.1	13.3	43,602
14	ニュージーランド	0.921	82.1	18.8	12.7	35,108
15	イギリス	0.920	81.2	17.4	13.0	39,507
15	アメリカ	0.920	78.9	16.3	13.4	56,140
17	ベルギー	0.919	81.5	19.7	11.8	43,821
18	リヒテンシュタイン	0.917	80.5	14.7	12.5	99,732
19	日本	0.915	84.5	15.2	12.8	40,799
20	オーストリア	0.914	81.4	16.3	12.6	46,231
170	アフガニスタン	0.496	64.5	10.1	3.9	1,746
171	ジブチ	0.495	66.6	6.5	4.0	3,601
172	マラウイ	0.485	63.8	11.0	4.6	1,159
173	エチオピア	0.470	66.2	8.7	2.8	1,782
174	ガンビア	0.466	61.7	9.5	3.7	1,490
174	ギニア	0.466	61.2	9.0	2.7	2,211
176	リベリア	0.465	63.7	9.6	4.7	1,040
177	イエメン	0.463	66.1	8.7	3.2	1,433
178	ギニアビサウ	0.461	58.0	10.5	3.3	1,593
179	コンゴ民主共和国	0.459	60.4	9.7	6.8	800
180	モザンビーク	0.446	60.2	9.7	3.5	1,154
181	シエラレオネ	0.438	54.3	10.2	3.6	1,381
182	ブルキナファソ	0.434	61.2	8.9	1.6	1,705
182	エリトリア	0.434	65.9	5.0	3.9	1,708
184	マリ	0.427	58.9	7.6	2.4	1,965
185	ブルンジ	0.423	61.2	11.3	3.1	660
186	南スーダン	0.413	57.6	5.0	4.8	1,455
187	チャド	0.401	54.0	7.5	2.4	1,716
188	中央アフリカ	0.381	52.8	7.6	4.3	777
189	ニジェール	0.377	62.0	6.5	2.0	912
	世界	0.731	72.6	12.7	8.4	15,745

国連開発計画(UNDP)「Human Development Report 2019」より

⑥ 現地文化の尊重

山本　次が、現地文化の尊重ですね……最も問題になるのが、通常、宗教です。特に、外国人が困るのが、イスラム教圏での現地スタッフの扱いですね。

早紀　なんでですか？

山本　イスラム教徒には、いろいろな戒律があって、豚肉を食べないくらいはいいんですけど……。1日5回、メッカのほうを向いて礼拝を行うんだけど、1回15分くらいはかかって、仕事中の時間でも、必ずやるんだよね。

早紀　1回につき15分……？

山本　そう。日本で働いている時にそんなことをすると、「お前さぼるなよ」って怒られると思うけど、イスラム圏では普通なんだよね。

早紀　さぼってない！　ってことか……。

山本　イスラム教の人に「さぼるなよ」って言うと、「イスラム教を冒瀆（ぼうとく）するのか！」って言われて、ケンカになる可能性があります。

早紀　うわー、まずいやんっ！

山本　あと、イスラム教の女性は、国によっても違いますが、ブルカなどの顔を隠し

早紀　黒色とかの風呂敷的な?

山本　黒とか、白とか、青とかありますが……。

早紀　肌とか出しちゃいかん、ってこと?

山本　女性の美しい部分、セクシーな部分を出してはいけない、という文化なんです。美しい部分は、夫にしか見せてはならない。コーランにそう書いてあるんです。

早紀　イスラム教徒の人が日本に来るとびっくりするやろなー。女性の服、短いし……最近の若い子は、短いぞーっ!

山本　……この件は、難しい問題を抱えています。

男性と女性の権利は平等であるべきなんですが、このためにヨーロッパの人権団体が、「ブルカは女性差別だから、その風習はやめなさい」と主張しています。「女性は、好きな格好をしていいんです」と。

例えば、フランスでは、ブルカなどが使用禁止になりました。イスラム教徒たちは怒りましたけどね。

2011年現在、ベルギー、フランス、オランダ、イタリア、スイス、スペイ

ンなどの欧州諸国は、国内における女性のイスラム教徒のブルカなどの着用を禁止した（または禁止する方向）。罰金や禁錮刑が科せられる。

山本　イスラム教の国にいる女性に聞くと、「ブルカを被るのは女性への迫害ではなくて、セクシーな格好をしていると、男性に強姦される危険性が高くなるので、自分自身を守るためにセクシーなところは見せないほうがよい」と言うんですね。

「愛する旦那さんにしか、セクシーな部分は見せない」ということらしいです。

早紀　そっか、そっか。

山本　すると、一概に間違っているとは言えませんよね？　現地に入ったら、その国の宗教や考え方を勉強しないといけない。そういう話です。

早紀　うー、難しい。

⑦ 社会的弱者への配慮

山本　次に必要なのが社会的弱者への配慮です。社会的弱者には、どんなものがあるか、覚えていますか？

早紀　女性、障害者とかの、社会的に隅に追いやられている人たちのことやねっ？

山本　正解です。女性、子ども、高齢者、障害者、少数民族、少数宗教、エイズやハンセン病患者などの差別にあう病気の患者さんたちなど。
以上の人たちにも、プロジェクトを行う前に、必ず意見を聞いてその地域で最も困っていることは何か、ニーズは何かということを聞くべきだと思います。
なぜかというと、国際協力の多くは、実際のところ、国（の悪徳政治家）とか村長さんなどの有力者たちに影響されて、（そのニーズに合わせて）やってしまうことが多いからです。

早紀　そうですね。なぜかと言うと、その地域に学校をつくるとしたら、普通、国の許可と、村長さんの同意が必要なんですよ。
だから絶対会って話をしないといけない。迫害されている人は、別に会わなく

早紀　てもいいので……見落としやすい。弱い人の意見もちゃんと聞かねね！

⑧ 住民の主体性

山本　次が、現地住民の主体性です。現地住民が、「学校をつくり、それを維持すること」に協力してくれるか、ということです。

早紀　協力って、どんな？

山本　あなたと私が、2人で学校をつくろうと思っても、一応、できるわけですよ。300万円くらい貯めれば、カンボジアに「コンクリートの学校の建物をつくること」はたぶんできます、お金集めるのに、時間はかかると思いますが。その学校で、教師をやってくれる人も、日本人の元青年海外協力隊の人なんかをつかまえてお願いすれば、一時的には、見つかるかもしれません。でも、問題はその後です。日本人の教師は、契約期間が終わると帰ってしまいます。そうすると、学校はただのコンクリートの箱に戻り、意味がないものに

なってしまいます。

というわけで、永続的に学校を運営していくためには、外国人だけではできないので、村に、学校を未来永劫支えてくれる「集団」をつくる必要があるのです。自分の地域をよりよくするために、村の人々が集まり、なんらかの目的（学校や病院の維持、環境問題の解決、村おこしなど）を掲げて、活動を続けていく集団のことを、「コミュニティー」といいます。つまり、外国人たちは、自分たちが撤退する前に、このコミュニティーに、学校の運営など自分たちが行ってきた活動を、引き継いでもらう必要があるわけです。

早紀　そっかそっか、引き継ぎは大事！

山本　あるいは、国に運営してもらうようにするか、地方自治体に運営してもらうか、あるいは、ほかの団体に引き渡すなどの方法もあります。

で、ここではコミュニティーの話に戻りますが、もし、村のコミュニティーに最終的に引き渡すつもりで学校をつくるなら、そもそも、学校をつくる「前の時点」で、「我々が学校をつくったらそれを皆さまが維持していく気はありますか？」ということを、十分、確認しておかないといけないわけです。

早紀　なるほどっ！

山本　最初に学校を建てるための300万円は、払ってあげるとしても、その後、学

校の維持費（ランニング・コスト）がかかります。教師を見つけて雇った場合、その人の給料を払わないといけません。生徒たちが使う教科書や文房具をどうするのか、という問題。（生徒が通学をしないように）給食を支給する場合、その資金の捻出も考えないと。さらに、学校の建物や、学校のためにつくった井戸は、時々壊れますから、その修理代金も必要です。そうした維持費を、未来永劫、支払っていく気があるかどうかを、プロジェクトをはじめる前に、村の人たちに確認することが必要になります。

そもそも、開発援助の場合は、「住民が主役」で「外国人は脇役だ」と説明したことを覚えていますか？

早紀　ばっちり！　覚えてますよ！

山本　ですので、学校をつくるプロジェクトを行う場合も、最初の最初の段階で、そもそも村人がそれを望んでいるのかどうかが、我々の意志よりも先にきます。「学校をつくることよりも、ほかのことをしたい」と地元の人々が主張されるのであれば、そっちをやったほうがよいのかもしれません。

ともかく、外国人が主導してはいけない、ということです。「持続可能性」を維持するために、最も重要なことの１つが、「住民の主体性（ownership）」ということです。

⑨ 援助をしたせいで、環境問題と社会問題が勃発

山本　持続可能性を考える時に、考えなければいけないのが環境問題・社会問題です。

なぜ、2つ同時に言うかというと、以前、日本政府がした援助で「2つ同時に問題を起こした例」がありまして……。

早紀　……なんやろう……？

山本　インドネシアっていう国が東南アジアにあるんですが、そこに日本政府の援助でダムをつくったんですよ。水力発電のためのダム。

まず、インドネシアの政治家が「産業を発展させるために電気が必要だから、ダムをつくってくれ」と要請してきたので、日本政府は「わかりました。つくります」って言ったんです。

早紀　え？　それで……？？

山本　そして、水力発電のダムをつくったんですね……。

そしたら、とんでもないことに。簡単に言うとダムをつくるには、そこにある村をどけなければいけないんですが、ある日インドネシアの軍隊が来て、村人たちに対し、「移住承諾書にサインしろ」と脅しました。殺されるのは嫌です

早紀　なんなん、それー!!

山本　生計を立てる手段がないので、その人たちは怒りまくり！　さらに、その村の近くには、トラ、ゾウ、バクなどのその土地の「固有種」がいたんですが、それらの動物も、ダムに水をはったため、死滅しました。このように、
　　　① 強制移住という社会問題と
　　　② 動物の死滅という環境破壊、
　　　の両方を起こしたわけです。

早紀　えーっ……信じられん……。

山本　……という事件が起こったんです。要請してきたインドネシア政府も、それを受けた日本政府も、両方に責任があるんですけれども、強制移住を受けた800人の住民の代表が、日本に来て、東京地方裁判所に訴訟を起こしました。

早紀　それは起こすやろっ！　怒るしっ！

山本　今もその裁判はしている最中です。

から、皆サインしました。そして約8000人が無理やり、「強制移住」させられました。承諾書には、「移住先には生計を立てるためのゴム畑がありますから安心してください」と書いてあったんです。だから、しぶしぶでもサインしたんですが、行ってみたら何もないんです。

早紀　今もっ!?
山本　地裁の一審では、インドネシア住民が負けて、日本政府が勝ちました。インドネシア住民8000人は、それでは治まらず、高等裁判所に上告しました。
早紀　それって、どうなってるんですか？
山本　高裁で負けても、最高裁まで行くと思います。ともかく、ダム建設だけでなく、大きな道路（幹線道路、高速道路）や橋、鉄道などをつくる時は、住民の強制移住が起こったり、動物の絶滅などが起こったりすることがある、ということです。
早紀　信じられん……。

インドネシア・コトパンジャン・ダム訴訟の詳細。1979年、日本企業の東電設計が、ダムの建設設計を考え出し、インドネシア政府から日本政府に援助を要請するように提案した。1981年、インドネシア政府は、国際協力機構（ジャイカ）にダム建設の事前調査を依頼した。その結果、実施することとなった。1990年と1991年に、日本政府は125億円と175億円の貸付を決定。1992年、ダム建設開始。1997年、ダムに湛水（たんすい）（水をはった）。1

山本　1998年、住民の強制移住・環境破壊（動物の死滅など）をNGOが報告。2002年、インドネシアの住民数千人が、東京地裁に日本政府とJICAを提訴した。2009年、東京地裁の判決で原告が敗訴した。上告し高裁へ。

インドネシア・コトパンジャン・ダム訴訟の根本的な問題は、日本政府の「要請主義」にある。日本政府による途上国の援助（実際は、金儲けをしたい日本企業などが根回しをして、途上国政府に日本に案件を送るよう勧める形で始まるのだが）は、表向きは（公式には）、途上国政府から日本政府への「要請」ということになっている。このため、プロジェクトを実施した時に問題が起こっても、「要請してきたのは途上国政府なのだから、第一義的な責任は途上国政府にある」という言い訳が通用することになる。このため実際の裁判でも、日本政府に責任はない、という判決となっている。

早紀　国際協力って問題ばっかりやん……。

計画の規模や性質によっては、そういうこともある、ということを頭に置いておいてほしいんですね。要するに、そうならないように注意することが、プロジェクトをやる前に必要だ、ということです。

山本　そうなんですよ。小規模に大学生が井戸を掘ってあげても、住民を殺すことがあるし、大規模に政府がダムをつくってあげても、強制移住と環境破壊を起こし、裁判になることもある。プロジェクトの大小にかかわらず、国際協力は、気を付けてやらないと、いろいろな問題が起こってしまうものなのです。

早紀　う〜む……。

山本　ともかく、こうした問題があるため、少なくとも、ある程度、大きなプロジェクトをやる時には、必ず環境問題や社会問題が起こるかどうかの事前調査を行わなければならない、ということに、現在は、一応なっています。また、それらを防ぐ「ガイドライン」もつくらないといけないことになっています。

ジャイカの「環境社会配慮ガイドライン」[*1]。前述のインドネシアのコトパンジャン・ダム訴訟などが起こったため、2010年4月に改訂した。以前よりは、よくなったといわれている。

世界銀行の「環境社会配慮ガイドライン」である、「セーフガード・ポリシーズ(Safeguard Policies)」[*2]は、2011年5月にアップデート（改訂）された。

---

*1 https://www.jica.go.jp/environment/guideline/pdf/guideline01.pdf
*2 https://www.worldbank.org/ja/country/japan/brief/safeguard

> ジャイカがガイドラインをつくる際に参考にしている。

⑩ 開発をすると、かえって貧富の差が拡大する

山本 国際協力を行うと、環境問題や社会問題を起こしてしまうだけではなく、経済的な問題も、引き起こすことがあります。簡単に言うと、貧しい人々が、もっと貧乏になり、生活できなくなる、ということです。

早紀 えっ、どうしてそんなことが起こるんですか？

山本 まず、そもそも、一般の人は、アフリカなどの途上国の人々のことを、「国民全員がみんな貧しい」というイメージをもっていると思いますが、実態は、全く異なります。

アフリカなどの途上国でも、植民地時代から欧米に奴隷などを輸出していた現地側の商人などがいて、そうした人が、大金持ちになっています。

早紀 現地側の人がですか？

山本 そうです。

早紀　現地のアフリカ側の黒人の人でも、ものすごいお金持ちがいるのです。

山本　知らなかったー!!

早紀　日本にも、貧富の差はありますが、途上国における貧富の差は、日本の比ではありません。同じアフリカ側の人なのに、日本人の私たちよりも豊かな生活をしている大金持ちと、1日100円以下で暮らす、とても貧しい人がいるわけです。お金持ちのほうは、ベンツに乗って、大きな液晶テレビをもっていて、衛星放送で世界中のBS・CS番組を見ています。

山本　私、まだ、地デジ対応のテレビすら、もってないっちゃけど……。

早紀　で、ここで質問です。そうしたアフリカの国から、日本政府に、「国内のこのあたりに、道路や橋をつくってください」と言ってくるのは、そのアフリカの国の貧しい人だと思いますか？　それとも、お金持ちのほうだと思いますか？

山本　……お、お金持ち？

早紀　そうです。だって、途上国で政治家や官僚などの、政府の要職に就いている人は、ほとんどがお金持ちですし、かつ、国際電話とか先進国への通信手段をもっているのは、首都にいるお金持ちだからです。つまり途上国で行われる、大規模な開発プロジェクトは、そのアフリカの国のお金持ちが「自分が、もっとお金持ちになれるようなもの」が行われることが多い、という現実があります。

山本　これにより、途上国の国内での貧富の差が広がりますが、ほかにもいろいろな問題が起こっています。もう1つは、先進国は途上国に援助をする時に、「市場の自由化」というのをさせて、その途上国に自分の会社が進出し、商品を売ったり、原料を買ったりできるようにすることを条件に、援助をしてあげることが多いのです。

つまり援助が行われると、代わりに日本などの先進国の企業が、どんどん入ってくる、ということです。で、先進国の企業が途上国に入ってくると、今度は、例えば、「この国の小麦は安い。うちの国の5分の1の値段だ」と思って大量に買っていってしまい、自分の国に持って帰ります。すると、そのアフリカの国の、国内で必要な小麦が、足りなくなります。小麦が足りなくなると、経済学の法則により（需要があるのに、供給量が少ないため）、値段が吊り上がります。値段が上がることを、「インフレ」といいます。

早紀　がーーん……。

> 需要が多いのに、供給が足りずに起きるインフレのことを、「ディマンド・プル・インフレ（需要によって牽引される価格上昇）」という。

> 先進国が途上国を開発することにより、インフレ（価格高騰）が起きる原因として、ほかにも有名なものがある。先進国は途上国にお金を貸し、途上国の政府は、インフラ（道路、鉄道、水道、発電所など）をつくるために日本企業などを使って公共事業を行うが、この時、大量のお金が国の中に投入される。国の中に、過剰なお金が出回ることになる。すると、これもまた経済学の基本原理によって、「マネー・サプライ（通貨供給）の過剰」によるインフレが起こる。

山本 こうしたインフレが起こると、さらに次のような問題が起きます。例えばアフリカの、ある国で、遊牧民族の家族が暮らしているとします。で、ヤギの乳をしぼって、それを毎日、町に持っていって、100円で売り、そのお金で、家族4人のために、パンを4つ買って暮らしていたとします。

早紀 はい。

山本 ところがある日、急にパンの値段が、2倍に上がってしまいました。原料となる、小麦の値段が2倍に上がったからです。

早紀 に、2倍!?

山本 そうです。途上国では、信じられないことに、日常生活品の価格が、1日で2

倍以上になることがあるのです。さっき言った、インフレのせいですが。

> 例えば、アフリカのジンバブエという国では、(外国からの開発のせいだけではないが)わずか1年の間に日常生活品の値段が「200万倍」になってしまった。100円だったパンが2億円以上になったのである。(2008年のジンバブエのインフレ率は、年2億3100万％)

山本　ともかく、今までは100円で4つ買っていたパンが、2つしか買えなくなってしまいました。今までの生活すら、できなくなってしまったのです。

早紀　そ、そんなぁ……。

山本　途上国を経済的に発展させたい場合、こうした「誤った開発」をしないように気を付けることも、国際協力には大切だ、ということです。

早紀　問題ばっかりやん！

山本　そうですね。でも、「だからといって、何もしないのは、なお悪い」かもしれません。いろいろな過去の失敗を勉強した上で、そうならないように準備した

り、努力したりすることが大切だと思います。

早紀　勉強かぁー。勉強、勉強！（勉強が必要だと、自分に言い聞かせている）

山本　そうですね。ここで1つ、話しておきたいことは、ご存じかどうかわかりませんが、国際協力の世界では、よく「アフリカには1日100円以下で生活している人々がいます。彼らは貧しくて、かわいそうだから、そうした人々が、もっと豊かになれるように、国際協力をしましょう」という言い方をします。

ですが、これは、間違いです。

早紀　なんで？

山本　収入が100円以下だとしても、日常生活品も、100円以下で買えるのなら、なんの問題もありません。問題は、誤った開発を行うことによって、

① 貧しい人たちの収入は、あまり増えないのに、

② 日常生活品のインフレ（価格上昇）が、急激に起こると、その人たちは、よりいっそう、生活できなくなってしまう、ということです。

こうなってしまうのなら、開発などやらないほうがいいということになります。

早紀　なるほど。でも、どうやったら、それを防げるんですか？

山本　1つは、富裕層がよりお金持ちになるのではなく、貧困層を対象にしたプロジェクトを行うことです。例えば、人間が1日に最低必要な食料の量は、200

第6章　どのように、国際協力をやるのか？

早紀　納得です！

0キロカロリーですが、この2000キロカロリーに相当する小麦とか米とかを、ある国で買うために必要なお金が、仮に100円だとします。その場合、1日あたりの収入が100円以下の人々を、「貧困層」として、その人たちを対象とし、その人たちの収入が増えるプロジェクトを行う、ということです。

実際には、非常に複雑である。仮に、なんらかの職業訓練をし、工場を建て、そこで働かせ、1日100円だった収入を「200円」に増やしてあげたとする。だがインフレが起こってしまい、（2000キロカロリーに相当する）小麦などの値段が、100円から「300円」に上がってしまっては、貧困の度合いは以前よりも、かえって悪くなることになる。以前よりも、「相対的貧困」におちいってしまう。つまり、①貧困層の収入の増加と、②日常生活品の物価上昇（インフレ）の両方を比較して見なければならない。そして、そのインフレを防ぐには、マネー・サプライ過剰によるインフレを防ぐために国の中央銀行が介入し、その途上国国内で流通する通貨の量をコントロールする必要がある。また、日常生活品の量が不足すると、前述のディマンド・プル・インフレが起こるので、

そうした食料などの流通量も、政府は監視する必要がある。

山本　ところで、今までの話を、「ぶち壊す」ようですが……。
早紀　またかいっ！
山本　あの、そもそも、例えば、太平洋の島国で、魚を釣って食べ、ヤシの実をとって食べている、自給自足で生活している人がいるとします。その人たちは、1日100円どころか、1日0円で生活しています。
早紀　ゼロえんっ!?
山本　はい。1人あたりの国民総所得（GNI）は、その島では0円です。でも、幸せそうに暮らしています。みんなニコニコしています。お金など、全く使わずに生活しているのですが、「幸せ」なんです。人間の本当の幸せとは、お金とは関係ないところにあるのかもしれません……という考え方もあることを、国際協力をする人は、知っておく必要があると、私は思っています。

⑪ フィードバックをかける、PDCA

早紀　次のは……難しいんですけども……。

山本　言っちゃえよ……（笑）。ほれほれっ。

早紀　知識がちょっとだけついたから、理解能力はあるし、たぶん……（笑）。PDCAって聞いたことありますか？

山本　ない（即答）。

早紀　英語で「Plan Do Check Action」の略称のことです。国際協力のプロジェクトを、何かやろうと思ったら、当然その計画を立てますよね？　これが「Plan」です。次に、その計画に基づいて、行動を起こす（実施）わけです。これが「Do」です。そしたら、次におかしな問題が起こっていないかを調べる。さっき言ったような、環境問題や社会問題が起きていないかをチェック（監視）する。これが「Check」です。そしたら、その問題が起きる基になった計画を、たたき直すようなアクション（解決行動）をしましょうと。これが「Action」です。

山本　いい言葉ですねっ。

山本 これは、国際協力の場だけで使われているのではなくて、普通の会社であろうと、政府や市町村であろうと、どんな分野でも必要なことなんですよね。マネジメント（仕事の管理方法）の1つです。

早紀 すごく必要なこと！ ちょっと待ってください！

山本 PDCA！ メモっちゃいますから!!
また、「定期的」にやることを「PDCAサイクル」といいます。

早紀 メモメモ……。

山本 さて、覚えましたかね？ PDCAって何の略ですか？

早紀 Plan Do Check Action‼

山本 めずらしく脳味噌が……働いていたようですね。

早紀 なんてこと言うんですか！（怒）

⑫ 死んではいけない、ということ

山本 どのようにやるのかについては、緊急援助に特化したものもあります。

早紀　そう、飢饉と内戦。ダブルでの災厄。今、世界最悪の地域の1つです。もし、そういう地域に自分が行く場合、どんなことに気を付けるかというと、

① 戦争をしているから、自分の団体のスタッフたちが、紛争に巻き込まれて撃ち殺されないような、安全管理（危険回避）のシステムをつくらないといけない。

② 自分やスタッフたちに、感染症などの医療全般の問題が起きないように、また起こっても対応（病院への搬送・空輸など）できるような仕組みを事前につくらないといけない。例えば、マラリアの予防薬を定期的にスタッフに飲ませるとか、黄熱病、A型・B型肝炎、破傷風などの予防接種を事前に打つとか。

ちなみに、アフリカに多い熱帯熱マラリアは、死ぬことがあります。

山本　ええ〜っ……。

早紀　つまり、緊急援助で途上国に行った場合、困っている人を助けるのもそうだけ

山本　例えば、戦争とか内戦とかをやっているアフリカの国に行って、緊急援助をやってあげようと思ったとしますよね。今だったら、ソマリアなどで内戦しているんだけれども、ちなみに、我々のせいで地球温暖化が起きて雨が降らなくて、水がないから農業できず餓死してるんです。

飢饉だ。

早紀　それ、日本にですか?

山本　日本にもありますし、世界にもあります。
まずは、外務省がインターネットで公開している「海外安全ホームページ」*1というところを見るのが基本です。ここで、危険度が高いとされる地域には、初心者は絶対に行ってはいけません。

早紀　わかりました。

山本　ある程度、開発援助の段階の国で経験を積んだら、指定の研修を受けた後に、紛争地での緊急援助を始めるのが妥当です。国連や、欧米のNGOが、緊急援助に関わる人のために、研修*2を行ってくれています。

けれども、それ以上に、先進国とは全く事情が違う状況の中で生活し、自分を守り、自分の団体のスタッフたちを守らないといけない。私の場合、団体の長なので、自分の連れていくスタッフを安全に日本に帰すという責任があります。基本的にプロジェクトの成功よりも、そちらが優先されます。これをクリアした上で、ソマリアの人たちに、食べ物や水を配ったり、医療援助をしたりすることになります。ともかく、そうした命の危険にあわないように、事前に準備と勉強が必要です。
また、その勉強をするための場所がちゃんとあるんです。

*1　https://www.anzen.mofa.go.jp/

山本　これは便利。

ともかく、重要なことは、「死んではいけない」ということです。

例えば、もし、あなたが、いきなりソマリアに行って死んでしまった場合、どうなるかというと、まず、日本のマスコミが「日本人が死んだ！」と大きく報道します。すると、「ソマリアで日本人が働くことは危ないかもしれない」ということになり、外務省が、「ソマリアにいる日本人全員に帰国を勧告」する可能性があります。

すると、国連やジャイカや、大型NGOなどで働いている、たくさんの日本人の国際協力従事者が、みんなソマリアから撤退し、その人たちがやっていた、全てのプロジェクトが、頓挫（とんざ）する可能性があります。

つまり、その日本人たちから食料などの支援を受けていた、何万人ものソマリアの人たちに、もう食料も、水も、医療も、届かなくなるかもしれないということです。あなたが、たった1人、勝手に死んだために。

だから、初心者がいきなり行って、死んだりしてはいけない、ということです。

早紀　ほんとにそうですね……

*2　eセンター (UNHCR) ……https://www.unhcr.org/jp/e-centre
RedR (国際NGO) ……http://www.redr.org/

第6章 どのように、国際協力をやるのか？——まとめ

① 人・物・金を用意。人は、知識・情報・技術をもつ。
② 井戸を掘って村の人に水をあげたら、ヒ素が入っていて死亡した事例がある。
③ 自己満足はダメ。客観的に、現地のニーズのために行動。
④ 数字で結果を出す。締め切りを設定し、自分に厳しく。
⑤ 現地文化を尊重する。特に宗教には注意が必要。
⑥ 社会的弱者は忘れられがち。必ず意見を聞く。
⑦ 住民の主体性を重視する。持続可能性への第一歩。
⑧ インドネシアのダムで強制移住と動物死滅の問題で訴訟。
⑨ 定期的にPDCA（Plan Do Check Action）で計画を改善。
⑩ 紛争地帯での活動は初心者には無理。一定の研修を受けてから参加。
⑪ 日本人が1人でも死ぬと、ほかの日本人も撤退し援助が途切れてしまう。

第7章

なぜ、国際協力をやるのか？

① 心の核心に置く、人道主義

山本　国際協力をする理由はいろいろありますが、それらの項目を、きれいなほうから汚いほうへと、順番に説明しようと思います。まず、きれいなほうの理由からいきます。

私が、国際協力をする上で、心の奥底に、こっそり置いてある考え方は、「人に優しいことをすると、その人が、ほかの人にも優しくしてくれて、やがて世界中に優しさが広がっていく」というものです。それに期待して、途上国で国際協力をする、あるいは日本で社会貢献をする、という考え方です。

ま、照れくさいので、たまにしか言いませんが。

早紀　たまにかいっ！

山本　……それが、私という人間のスタンスです。

早紀　それが山本さんです（笑）。

山本　なぜ、そのスタンスをもっているかというと、さんざん話してきたのでおわかりのように、国際協力っていうのは、ややこしい世界で、やっても余計なお世話になることも多いし、環境とか持続可能性にも配慮しないといけないし、も

第7章 なぜ、国際協力をやるのか？

早紀　う、勉強することが多すぎて、面倒くさくて、やってられないくらいです。要するに、さっき言ったような、「人に優しくすれば、それが世界に広がって、それで世界がよくなっていく」ということは、（その「想い」を胸に抱いているだけでは）世界がよくなることは絶対にないんです、残念ながら。しかし、だからといって、やることが多くて難しいのでやめてしまおう、と思ったら……私だけでなく、全ての人が思ったら、人類は終わりなので……。

山本　終わりなので？
歯を食いしばって、その崇高な、きれいな理念を心の奥底にもちながらも、現場では、非常に難しい各国がかかえる課題を、ひとつひとつ「ニーズ」を確認しながら、ひとつひとつ「やっちゃいけないこと」も確認しながら、よりよい選択肢を探していく、ということになります。
繰り返しになりますが、心の奥底では、きれいな理念をもっておくけれども、それだけでは、世界がよくなることは決してないので、現実の世界での行動は、客観的に理論的に行動していく、という「2つの相反する側面のバランス」を心にもつことが、国際協力をする人には必要なのではないか、と私は思っています。

早紀　なるほどっ！

山本

あまりに厳しい現実を目の前にした時、国際協力をやめてしまいたくなることが、しょっちゅうありましたが、そんな時は、ある有名な女優さんが言った言葉を、私は思い出すことにしています。

「美しい唇をもつには、優しい言葉を紡(つむ)いでゆくこと。
愛らしい瞳をもつには、人々の素晴らしさを見つめ続けること。
スリムな体でいるには、飢えた人々に食べ物を分かつこと。」

「美しい行為は、このように、決して1人ではできないもの。」

「『人が成長していく』ということは、自分には、『2つの手がある』ということに、いつか気付くこと。」

「1つの手は、自分自身を助けるために。
もう1つの手は、他人を助けるために。」

早紀

……感動して、涙が出てきました……。

山本　ということを言ったのは、オードリー・ヘップバーンという人です。「ローマの休日」で有名な女優さんですが、ユニセフの親善大使をやっていました。

早紀　……（涙）。

② 数字（統計指標）が世界最悪の国々

山本　日本にもたくさんの社会的な問題があり、私自身や私の家族にも、健康や老後などの問題があります。それでも、なぜ国際協力をやるのかという理由の1つが、客観的に考えて、圧倒的にアフリカなどの途上国の現状は、日本よりもひどい、ということです。

例えば、ソマリアに、もし私が生まれていたら、お母さんが絶食状態だから、おっぱいを吸っても、母乳が出ないし、やがて弱ってきても病院も周りにはない。内戦が続いているので、政府は何もしてくれない。干からびて、数日で死ぬだけ。

そんな子どもたちに比べたら、私は、いろいろな病気を体にもっているけれど

早紀　も、日本には病院もあるし、好きなだけ飲める水も食べ物もあるし、政府は一応、機能しているし、何もいうことはない。こんな恵まれた状況で、自分がかかえている、些細な問題に、文句を言い続けるのは、あまりに狭量（心が狭いこと）なのではないかと思います。

山本　はぁーっ……。

早紀　要するに、世界に目を向け、最貧国の現状を知ってしまうと、自分がかかえている小さな問題など、馬鹿馬鹿しくなり、恥ずかしくなってしまう、ということです。逆に言えば、「それほど世界はひどい」ということです。
　ここから、数字（各国の統計指標）を羅列しますが、日本に比べて、世界にはとてつもなくひどい状況の国が、たくさんあります。まず医療の指標では、平均寿命が、２０１１年現在、アフガニスタンは、約49歳です。日本は83歳くらいです。そのほか、アフリカのジンバブエやザンビアなど、サハラ砂漠より南の国には、平均寿命が40歳代の国が多いです。

山本　寿命が、50歳より短い国が、いっぱいあるんやなーっ……。

早紀　教育の問題についても、一番ひどいのは、アフリカのサハラ砂漠より南にある、モザンビーク、ブルキナファソ、ニジェールなどです。それらの国々では、（現在、成人している人が）学校に行っていた平均年数が、わずか1年くらい

早紀　それ、本当にびっくり……。

山本　日本は国民全体の平均で、12年くらい学校に通っています。高校卒業までが12年ですからね。次に、経済の指標に関しては、1人あたりどのくらいお金を稼いでいるかというと、まず、日本人の平均年収は430万円くらいですが、世界で一番少ないのが、ジンバブエっていう国で、年収で1万7000円。365日で割ると47円になりますので、この国の人々は、1日100円以下で暮らしているどころか、50円以下で暮らしていることになります。似たような状況の国が、コンゴ民主共和国、リベリア、ブルンジなどの、いずれもサハラ砂漠より南の国々です。これらの国は、年収で3万〜4万円程度です。

早紀　年収が、日本人の100分の1以下なんですね。

③ 自分探しの旅

山本　だんだんこのあたりから、あまりきれいでない理由に入っていくんですけども、

山本　国際協力をやろうっていう人の理由で、一番多いタイプがですね、簡単に言うと「自分探しの旅」をしている人です。

早紀　自分……探し……って？

山本　日本ではやりたいことが見つからないので、とりあえず、世界中を旅行し、自分の夢を見つけたい、できればそれをかなえたい、そのついでに他人を助ける行為もやってみたい、という感じのものです。もちろん、やるのは本人の自由ですから、それを否定する気はないんですが、何も考えずに、事前にあまり勉強をせずに行った場合、例えば、「カンボジアで井戸を掘ったらヒ素で村人を殺しちゃった」みたいなことが起きる可能性が高い、ということです。

早紀　……そ、そうですね。

山本　本質的な人間の「行動の欲求」は、もちろん否定できませんが、それだけで国際協力的な活動をしてはいけないのではないかと、私は思いますね。

早紀　私も思いますね。……急に偉そうになっちゃった（笑）。

④　日本が迷惑をかけた国への賠償責任

山本　ここから先は、「日本人」が、なぜ、途上国の支援をしないといけないのか？という、日本の国が国際協力をする理由を説明します。

日本は昔、世界に迷惑をかけました。それが何か、知っていますか？

早紀　中国とか、東南アジアで、戦争をした？

山本　そうですね。日本は昔、アジアの国々を占領しました。だから、戦後の賠償責任として、そうした国の経済発展を支援する責任があると考えて、日本政府は1950年代から、そういった国にお金を貸しています。それが、日本が、かつて占領した国などを支援する理由の1つですね……。

⑤ 日本経済を発展させてくれた世界からの支援

山本　あと、日本が戦後復興できたのは、世界のいろんな国にインフラをつくってもらったからです。日本で一番速くて有名な鉄道、なんていいますか？

早紀　新幹線！

山本　新幹線は外国につくってもらったものだってこと、知っていますか？

早紀　知らない……。

山本　そうなんですよね……。みんな知らないんですよね。新幹線も、東名高速道路も、ダムも、全部、外国からの資金によって、つくられたんです。

> 国連のような国際機関に、世界銀行という組織があり、そこからの資金で、新幹線、東名高速、ダムなどがつくられた。またユニセフは、戦後の日本の子どもたちのために、約65億円（現在の価値で約1300億円）を援助してくれた。北米と南米の国際NGOである公認アジア救済連盟（LARA）も、当時のお金で約400億円（推定）を援助してくれた。

早紀　へぇ……。優しい……。

山本　そう、外国の人たち、偉いでしょ。いろいろな国が、お金を出してくれて、経済発展の元になるインフラがつくられたので、日本は戦後、世界ナンバー2の経済大国になったんで「東アジアの奇跡」と呼ばれる急激な経済復興をし、

早紀　その借りたお金は返すんですか?
山本　はい、返すんです。1990年頃に、ようやく返し終わったんです。
早紀　日本は、最近まで援助されとったってことですね。
山本　というわけで、日本は今、逆に「恩返し」として、自分がかつてしてもらったように、途上国にお金を貸してあげていて、数十年かけて、ゆっくり返してもらうということですよ。これが、国が行う国際協力の形の1つです。
早紀　大事なことですね。

⑥　朝鮮戦争特需

早紀　朝鮮戦争って聞いたことありますか?
山本　はい。
早紀　1950年代に朝鮮半島で、韓国(後ろにアメリカ)と、北朝鮮(後ろにソ連・中国)との間の戦争がありました。すなわち、資本主義と共産主義陣営の

早紀　戦争がありました。その時に、戦争に必要なものをアメリカ軍に売って、お金儲けをして、自分の国の経済を発展させ、経済大国にのしあがったのが、どこの国か知っていますか？

山本　日本ってことですか!?

早紀　朝鮮戦争の時、アメリカは韓国側を応援しました。その時に……。

山本　日本は近いから便利！

早紀　直接的な軍需産業としては、A社などが戦闘機や戦車などの軍事兵器をつくってきました。ですが、それだけではなく、戦車だろうが戦闘機だろうが、たくさんの電子部品が、その中に使われています。それらをつくっていたのが大手パソコンメーカーのB社など。

山本　そうかそうか……。

早紀　また、戦争っていうのは戦闘をするだけじゃなくて、そのためにたくさんの弾薬や、兵士のための食糧や水などを運搬しますよね。それこそ、国際協力と同じように、「人・物・金」を運ぶために。

こうした物資の調達と運搬のことを、国際協力の世界でも軍隊でも、どちらも

山本　その物資を運ぶために、大量のトラックが必要なんですよ。この物資を運搬するトラック」をつくることで急成長した「日本企業のエース」と呼ばれる、自動車会社が……。

早紀　C社!?

山本　これが、日本が経済発展をした理由の1つです。

早紀　他国での戦争のおかげで日本は経済発展したんですね。

山本　残念ながら、そういう側面もあります。

早紀　なんか複雑やな……。それって。

> 「ロジスティック（logistic）」という。日本語で言うと、「兵站（へいたん）」。もともとは軍隊の用語だったが、現在は一般企業などでも使われている。

⑦ 日本経済の発展のための途上国の援助

山本　日本が国際協力をやりだしたのは、1950年代からですが、ま、その、戦争で迷惑をかけた賠償責任のために、もともと始めたんですが、実は、それ以外にも、理由がありました。

途上国を発展させると日本経済にとっても、いいことがいっぱいあります。途上国にインフラをつくってあげると、日本企業はそこに進出し、工場をつくって安い賃金で労働者を雇い、車やパソコンなどを安い人件費でつくって、効率よく利益を得られるじゃないですか？

早紀　はい。

山本　1960年頃に、日本の総理大臣の岸信介という人が「日本の国益のために、途上国への国際協力をやります」とはっきり国会で言ってたんですが、以後、日本政府は、ずっとその方針できています。

早紀　えーーっ！

山本　例えば、日本政府は途上国に、経済発展のために、お金をあげたり、貸したりすることが多いんですが、当初は、いずれの場合も「お金をあげるんだから、

早紀　日本企業を海外に進出させるため？

山本　そうです。この日本の方針は、現在でも続いています。日本は福島原発の事故があったため、原子力発電所を国内では、もうつくらない方向になりましたが、一方で海外への「原発の輸出」は、続けていく方向です。
インド、ベトナム、トルコなどに原子力発電所を日本企業がつくって、お金儲けをする方向で動いています。つまり、日本国内では、「危険だから」と原発はもうつくらないのに、海外の途上国には売りつける、ということを続けていく方針になっています。

早紀　こないだニュースで、それが問題になっとった！　日本にこの問題があるのに、なんでインドとかベトナムに勧めるんか、ということを……。

山本　ともかく、政府としては、日本は資源もないし、これから急成長しそうな産業

必ず日本企業に仕事を受注させなさいね」というふうに、途上国政府に要求してたわけです。例えば、東南アジアなどに道路や発電所などをつくる時に、その仕事を日本企業に受注させてきたんです。
要するに、途上国を経済発展させる、という名目で、日本政府は、間接的に日本企業にお金を渡し、仕事をさせていた、ともいえます。そうした仕組みで、日本経済は発展してきたのです。

早紀　そうかもしれません。非常に難しい矛盾を、日本は抱えているわけです。

山本　で、でも原発は、まずいですよね？

⑧ 私たちの生活と、途上国の児童労働・環境破壊

山本　はい、ここまでは日本政府の話だったので、あまり実感はないとは思いますが、もっと実感できる話をしますね。
あなた、服を着てますよね。ちょっと服を、つままぜてください。

も国内にはないので、とりあえず「途上国にインフラをつくる仕事を、かたっぱしから日本企業にやらせよう」と考えています。それが日本経済をこれからも発展させていく唯一の道だ、と思っているわけです。
また、客観的に考えてみれば、途上国にインフラをつくってあげて、それで日本企業たちにも、お金を儲けさせよう、ということですから、あながち悪いことではなく、ウィン－ウィンの関係になっているとも考えられますので、それでよいような気もします。

早紀　……つまむんかいっ！

山本　……この生地は、「綿」ですね……。あなたの服がつくられているこの「綿」という素材ですが、どこでつくられているかわかります？

早紀　……すいません、それは「絹」です。

山本　蚕という虫が、繭をつくって……。

早紀　そっか（笑）。

山本　ワタという植物の種子が、熟すと、はじけて、綿花っていう……。

早紀　あぁ……。ポップコーンみたいな？　シュパッとなるやつだ……。

山本　それを加工して綿にするんですが、生産量の多い国の1つがインドで、このインドの綿花をつむ仕事をしているのが、女の子です。

早紀　女の子!?

山本　綿花をつむのに、「小さい手」のほうがやりやすいということと、途上国では女の子は学校に行かず家事や仕事をさせられる慣習があるので、主に女の子が働かされています。こういうのを、「児童労働」といいます。
　　　そして、インドで採れた綿は、中国に輸出されます。中国には、多数の日本の衣類メーカーが進出して工場をつくっていますが、そこで服がつくられ、日本に送られます。要するに、私たちが着ている、綿でできた衣類の何割かは、イ

早紀　ンドなどの国で、女の子が児童労働をさせられてつくらされている、という場合もある、ということです。

山本　え〜。……信じられない……。

早紀　もっとひどい例があります。それは、もはや、私たちの生活に必須となっている「携帯電話」に関してです。携帯電話は、たくさんの電子部品からできていますが、「レアメタル」と呼ばれる、たくさんの「希少な金属」を用いてつくられます。このレアメタルの1つが採れるのが、アフリカのコンゴ民主共和国、という国です。

山本　さっき（統計指標で）出てきた、収入がとても少ない国だ……。

早紀　そうです、頭いいじゃん！

山本　（ガッツポーズ）頭いいじゃん、あたし！

早紀　平均収入が世界で2番目に低い国ですが、ここでは、子どもたちが、そのレアメタルを採るための鉱山で働かされています。また、鉱山やその精製工場をつくるために、森が切り倒されていったんですが、その結果、マウンテンゴリラという絶滅しかかっていたゴリラの頭数が、ますます減っていっています。

山本　ひどすぎ……。

早紀　さらに、鉱山や精製工場から出る工業用水の汚い水を、そのまま川に流してい

山本　ます。アフリカの田舎には、上水道も下水道もありませんから、現地の人々は、その川の水をそのまま生活用水に使います。汚染された水で、顔を洗い、ご飯をつくるための炊事に使うのです。

早紀　……（絶句）。

山本　つまり、私たちが携帯電話を使うために、アフリカで、①子どもが働かされ、②ゴリラが絶滅し、③川の水を使う人々に健康被害が出ている、ということです。もう1つ言えば、④周辺諸国の反政府軍の資金源にもなっています。

> 電子部品をつくるのに必要なレアメタルの1つが「タンタル」。パソコンや携帯電話など小さなエレクトロニクス製品の基板やコンデンサに使用される。コンゴ民主共和国には世界のタンタル埋蔵量の7割があり、闇市場で動いている。その多くは、鉱山のある地域を支配している反政府の武装勢力から、「非鉄メジャー」と呼ばれる国際貿易の大企業によって、まず中国へ輸出される。日本の電子産業に使われているタンタルの多くは、その中国から輸入されている。こうした経済活動は、残念ながら、ルワンダ大虐殺（1994年）を主導したグ

ループなどの非人道的な武装勢力の資金源になっている。このため国連は、それを非難する声明を2001年に出した。またアメリカでは、コンゴ民主共和国からの（武装勢力経由の）タンタル輸入を取り締まる法律が2010年に制定された。

⑨ 日本のエネルギー自給率と食料自給率

山本　次の話です。日本は、電気をつくるもとを、ほとんど海外から輸入しています。火力発電のための石油とか、原子力発電のもとのウランとかがあるんですが、必要な量の何％くらいを日本国内で産出できているか、知っていますか？

早紀　5％？

山本　おしいですね、4％です。96％は外国から。日本が自分の国の中で、自分の国に必要なエネルギー源（石油、石炭、ウランなど）を生産している割合を、「エネルギー自給率」といいます。それが4％ということです。

第7章　なぜ、国際協力をやるのか？

早紀　もう1つの重要な言葉が、「食料自給率」といいまして、全国民が生きていくのに必要な食べ物を、国内でどれだけ生産しているか、ということです。これ、何割くらいか知っていますか？

山本　30％？

早紀　40％くらいですね。そんなもんです。

ちなみに、日本の人口は、今、1億2800万人くらいですが、江戸時代の人口は、4000万人くらいでした。

山本　えーっ、そんなに少なかったんだ。

早紀　江戸時代の頃の産業は、主に農業でした。外国との貿易もなくて。

山本　地産地消だ。

早紀　地産地消です。

山本　それが今では人口が3倍に増えて、逆に、「持続可能」だったんですよ。それが今では人口が3倍に増えて、電気をバンバン使う生活になったので、96％のエネルギー源を外国から輸入し、60％の食料を輸入する、ということになったわけです。この日本の状態が、今後も、未来永劫、持続可能だと思いますか？思いません。

早紀　私もそう思います。世界人口が100億まで増えて、おまけに、中国・インドなどの新興国に住む人も、ひとりひとりが、日本人のような生活をしたい、と

思った場合、地球の資源など、あっという間に足りなくなってしまいます。足りなくなった時、何が起こるかというと、自分のところで採れる資源を、「ほかの国には、もうあげない」と言い出す可能性がある、ということです。

早紀　そうなった時に、真っ先に困る国の1つが、日本！

山本　そういうことです。というわけで、日本は、普段から外国と仲良くして、少しでも多くの資源を回してもらう必要がある、ということです。

早紀　そのための、国際協力……??

⑩ 人類が地球に負担をかけている量

山本　最後は地球全体の話をします。
自然を保護しようという取り組みをしている団体がいっぱいありますが、その中でも有名な団体の1つが、パンダのマークの*世界自然保護基金（WWF）といいます。この団体が言うには、もしも世界中の70億人が、日本人と同じ生活

＊　世界自然保護基金（WWF）……World Wide Fund for Nature

早紀

をした場合、資源の消費量、排出されるゴミなどを地球が浄化する能力などを考えた場合、どのくらい「地球の面積」が必要かということを計算しました。その結果、地球が2個以上必要だ、ということがわかっています。つまり、2011年の世界人口が70億人の段階でも、もしも世界中の人々に、日本人と同じような豊かな生活をさせた場合、「地球がもたない。地球が足りない」と、パンダのマークが言っているわけです。

パンダ……。

2010年8月、世界自然保護基金（WWF）ジャパンは、『エコロジカル・フットプリント・レポート日本2009』を発表。地球がもつ生産力・収容力を世界人口1人あたりで計算すると「1・8ヘクタール」。日本人は1人あたり「4・1ヘクタール」で2・3倍必要。つまり、「世界中の人が日本人と同じ暮らしをしたら、地球が2・3個必要」ということになる。

「エコロジカル・フットプリント（ecological footprint）」とは、地球の環境容量の指標。人間が環境に与える負荷を、①資源の再生産と、②廃棄物の浄化、

> に必要な面積として示した数値。生活を維持するのに必要な1人あたりの陸地および水域の面積（ヘクタール／人）で表示する。

山本　一般に国際協力は、貧しい国を豊かにすることだ、と思われていますよね？

早紀　ダメだ……。

山本　間違いなんです。途上国を豊かにしてしまうと（地球上の人類全てが日本人のような生活ができるようにしてしまうと）地球がもたないから駄目なんです。そうすると、国際協力って、貧しい国の貧しい人が、私たちのような生活ができるようにするのではなく、「地球上のみんなが協力して、ものの取り合いをしないで、末永く暮らせるようにしていきましょう」という行動や方針なのかもしれません。もし、そうだとすると、実は、我々豊かな国が、まず生活レベルを落とさないといけない。電気の使用量を、資源の消費量を、まず減らすこと。そうしたことが、まず必要だと考えられます。

早紀　うん、うん（うなずく）。

山本　もし地球が2個以上必要だとした場合、例えば、私たちが電気を1日に12時間使っているとしたら、1人あたり6時間未満で我慢しましょう、ということに

なります。個人の消費量よりも、企業の工場も、その電気の使用量を減らさな（できるかどうかは別として）各企業の工場も、その電気の使用量を減らさないといけない、ということになります。

そして万が一、それが先進国側全てで達成できた場合、そこで途上国に対して初めて、「我々は、ここまで生活レベルを落としましたから、これから発展する途上国の方々、お願いですから、我々と同じ、この下げたレベルまでで我慢してください。でもそこまでは支援させていただきます」と、お願い申し上げるのが国際協力ではないか、と私は思っています。

これはもちろん、今すぐ実現することはできませんが、遠い未来の方向性としては、そういうことになるんじゃないかと思っています。

山本　……山本さんの話を聞くまでは、今の私たちのように、テレビを見て、電気がたくさん使える豊かな生活を、途上国の人にさせてあげるようにするのがよいことだと、あたし、思ってたんやけど……。

早紀　それは、地球の限界を考えたら、ちょっと無理かもしれません。未来の子どもたちが使う分の資源まで使ってしまえば、一時的には可能かもしれませんが。

早紀　……（困惑）。

⑪ 資本主義は悪循環なのか？

早紀 質問です。じゃ、経済をどんどん発展させていかないと、国とか企業とかは、つぶれちゃうんですか？

山本 つぶれちゃいますね。だから、さっき言ったようなこと（先進国の企業たちが経済活動を減らしたりすること）は、すぐにはできないんです。

早紀 なんでですか？

山本 現在、世界の主流は、資本主義という経済システムなんですが、資本主義というのは、どういうことかというと、例えば、ある会社が「自動車をつくりたい」と思ったとします。自動車をつくるには、お金が必要なので、とりあえず銀行から借金をします。仮に、100億円、借りたとします。1年あたりの利率（利息）が2％で、（単純化すると）10年後に約120億円にして返さないといけない、とします。ということは、その自動車をつくる会社は、毎年、2％以上の経済成長を続け、10年後に、最低でも120億円以上の経済活動ができる会社になっていないといけない、ということです。

早紀 はぁ……。

山本 これが、資本主義という社会の中で、企業が成長を続け、事業を拡大していかなければならない、根本的な理由の1つです。要するに、「借金とその利息」を返せるくらいは成長しないといけない、ということです。

早紀 そうかー。

山本 国の場合も同じです。例えば、日本という国は、毎年40兆円以上の借金をしています。仮に利率が年2%で、10年で返すとした場合、48兆円ぐらいにして、借金を返さないといけません。国の場合、税収を増やすことが必要なので、なんとかして、（税金を払う側の）日本企業に儲けさせる必要があります。たくさん儲けさせたら、そのぶん、とれる税金も増えますから。

早紀 きりがない気がするけど……。

> 資本主義社会では、借金の利息（％）よりも経済成長率（％）のほうが、常に大きい必要がある。企業でも国でも同じ。これが資本主義国家の生命線。

山本 ともかく、だから日本政府は、日本企業を途上国に進出させて、インフラをつ

⑫ 新しい形の経済活動の模索

早紀 くる仕事などを受注させて、お金儲けをさせよう、と考えるわけです。つまり、企業も、日本という国も、借金を返すために、永久に経済成長を続けなければならない宿命にあるんです。……というわけで、現在、「悪い相乗効果」が生まれてしまっています。3つのものが、どんどん増えているんです。1つは、地球上の人類の数。もう1つは、より豊かなものを望む、ひとりひとりの人間の欲望。最後が、資本主義が増幅する、各企業と国のもつ借金の量。この3つが、お互いに相乗効果を生み、その結果、地球上の資源を全部くいつぶし、環境問題も勃発している、というのが現在の地球の状況……というような感じだと、私は思っています。

山本 残念ながら、私たちはもう止められない……「悪循環」に入ってしまっている可能性があります。

早紀 じゃあ、もう（江戸時代のような）シンプルな生活はできないわけですね……。最悪でしょ……はぁー……。

早紀　じゃ、もう、私たち人類は、ダメってことですか？

山本　そうかもしれないんですけど、そうならない方法もあります。

早紀　どうすればいいんですか!?

山本　1つの方法が、「自然資本主義」という考え方です。
例えば、自然界で生物は、いろいろ自分に必要なものをつくっています。蜘蛛(くも)は、細い糸をつくっているし、カニやエビなどの甲殻類は、硬い殻をもっています。でも、そうしたものをつくる時に、(石油などの) 資源を枯渇させたりせず、また、ゴミ (産業廃棄物) も出しません。自然界の生物というのは、再利用できる資源しか使っておらず、また廃棄物を出しても、それらは全て自然に分解・吸収される形で、自分に必要なものを生産しています。
これを真似したら、どうでしょうか？
要するに、なくなってしまうような (石油などの) 資源はいっさい使わず、処分に困るようなゴミもいっさい出さない形で、企業が商品をつくっていけばよいわけです。自然界に住んでいる、ほかの生物と同じように。

早紀　あ、いいかもー!!

山本　もっと言えば、そのような法律をつくり、全ての企業に義務づけてしまえばよ

早紀　いわけです。日本だけじゃなく、全世界で、いっせいにね。

山本　もう1つの考え方が、全てを「レンタル」にする、というものです。テレビも、パソコンも、家の中にあるもの、会社の中にあるものは、全てレンタルにしてしまう、という手法です。そうすれば、商品を貸し出している企業は、商品の原料や材料を有効利用し、コストを下げるために、使える部品は、なるべく繰り返し使おうとするはずです。消費者は、物ではなく、サービスに対してお金を払う、ということになります。サービスは、いくら増えても、資源が枯渇したり、ゴミを出したりはしません。

早紀　なるほど。

山本　人間の社会では、特に資本主義社会をする時に、なんらかの形で、「お金を回す」ことが必要です。こうした経済活動をする時に、なんとかして資源を枯渇させず、環境問題を起こさないような仕組みをつくることが、現代社会では急務だ、ということです。で、その参考になるのが……。

早紀　自然の生き物たちの、暮らし方！

第7章 なぜ、国際協力をやるのか？

山本 ……で、やや関係あるので、ここで話をしてしまいますが、（国際協力の話に戻しますが）途上国を開発して経済的に発展させようとする時に、これからは、こうした考え方をとりいれていくことが必要だ、ということです。

例えば、発展すると電気が必要になりますが、石油やウランなどの、あと80年くらいでなくなってしまう資源を使って、火力発電や原子力発電で（途上国に）電気をつくらせるのではなく、あくまでも自然エネルギー（再利用可能エネルギー）で、自分たちの地域ごとに、最低必要な電力を確保する、という形のほうが望ましいと思います。例えば、太陽光発電、風力発電、「農業用水の

---

*自然資本主義（Natural Capitalism）。1999年に著作された新しい経済学の概念。環境保護とエコビジネスの両立を謳（うた）っている。
① 資源を、現在よりも、はるかに効率的に利用する。
② 生物を模した産業を構築する。
③ 消費してしまう物を売るのではなく、レンタルを中心にする。
④ 自然界にある資源や、廃棄物の浄化作用を無価値とみなさず、それらを減らさず、むしろ増大させるように投資をする。

＊ http://www.natcap.org/

水路に設置する小型水力発電」などが、有力なものです。もちろん、こうした小規模な電気の消費量で途上国たちに我慢してもらうためには、大前提として、先進国がまず率先してそれを実践しなければならない、ということです。

早紀 うん、うん。

山本 そうでないと、途上国の人たちから、「お前たち、今までさんざん石油とかを使って、電気を使い放題にして、いい暮らしをしてきたくせに、俺たちには、それをさせない気か!」と、怒鳴りつけられてしまいますから。

早紀 たしかに。そうなったら、さらに問題が大きくなっちゃいますもんね。

⑬ 全てを知ったところでの感想は？

山本 ここまでで、国際協力というものが、どういうものなのか、ずいぶん知っていただけたと思います。何か、感想、質問などあれば……。

早紀 感想を言うと、問題がなんかすごく複雑すぎて、何かを助けようと思って動い

山本　ても、その中でもプラスのこともマイナスのことも、起こってしまい……すごく複雑で、正直何から手をつけていいのかとか、たぶんわからないから、まず知識を増やしたいなと思う。と、いうのと……さっき、山本さんが言ったみたいに、何が問題なのか、優先順位付けをして。そういうことも考えて、心を鬼にして、動いていかないといけないこともあると思いました。悲しんでいても解決できない問題とかもあるんだろうし。

でも、言葉で聞くことはできても、現場を目の当たりにしたら、私はたぶん動けないかもしれないと思う。怖かったり、感情が先走ってしまったり。「どうしたらいいの」みたいに……。

早紀　正直に答えてください。ここまで聞いて、国際協力は、「ちょっと、私には無理」って思いましたか？　それとも、「今後、やっていきたい」と思いましたか？

今は、知識がないから、すぐに行動を起こすのは無理だけど、いろんなことを知りたいと思っています。いろんなことを吸収して、それから、その時その時で、自分にどんな行動ができるか判断し、その時その時で、できることは行動していきたいと思います。

……とにかく、今は、知識が欲しいです。

第7章 なぜ、国際協力をやるのか？──まとめ

① 優しさの輪が世界に広がっていく。そんな理想を心の核心に置く。
② 日本より圧倒的に悪い途上国の現状を統計指標で知る。
③ 日本では居場所が見つけられない人の、自分探しの旅。
④ 日本が占領した国々への、賠償責任。
⑤ 戦後、日本を復興させてくれた世界の国々へのお礼。
⑥ 朝鮮戦争のお陰で日本の軍需産業、自動車産業などが成長。
⑦ 日本経済を発展させるために途上国を開発すると首相が明言。
⑧ 日本が国連安保理の常任理事国になるため、国際社会で存在感を示す。
⑨ 日本で携帯電話をつくるために、途上国で児童労働と環境破壊。
⑩ 日本のエネルギー自給率は4％、食料自給率は40％。
⑪ 世界中の人が日本人のような生活をしたら地球は2個以上必要。
⑫ 資本主義では借金の利率よりも経済成長率が高い必要がある。
⑬ 自然の生き物を見習って、資源を減らさずゴミを出さない社会へ。

第8章

あなたにできることは何か？

① 日本でやること——①環境問題

山本　最後はですね、「あなたにできること」を説明していきます。

早紀　知識のない今の私にもできるってことですよね？

山本　はい、そうです。大枠で2つあります。日本でできることと、外国へ行ってできることに分かれます。まず、日本でできる、身近なほうから話をします。

早紀　身近なこと？

山本　それはですね、世界のために何かをしたいのであれば、通常お勧めしているのが環境問題系なんですよ。電気をたくさん使うと火力発電所から二酸化炭素が出て、地球温暖化が進行し、

①海面の上昇が起こり、太平洋の島国が沈んだり、
②台風やサイクロンが強大化して東南アジア周辺で被害が出たり、
③逆に降水量が減少して、アフリカなどで旱魃が起こる可能性があります。

早紀　あ、思い出した！ ソマリアですね、ソマリアの飢饉！

山本　そうです。日本の電気の7〜8割は、現在、火力発電でまかなわれていますから、電気を使えば使うほど、温暖化は進行することになります。また、電気を

早紀　わかりました。

節約するということは、気候変動を防ぐだけではなく、石油などの将来なくなってしまう資源をなるべく長もちさせる、という効果があります。パンダのマークの世界自然保護基金（WWF）が言うように「日本人のような生活を地球上の人間全てがした場合、地球が2個以上必要だ」というのが本当だとしたら、私たちは電気の使用量を半分以下に減らす必要がある、ということです。すぐにできるとは思えませんが、できる範囲で節約を行うことは大切だと思います。

② 日本でやること──②よい企業の商品を買う

山本　日本でできることの2番目は、買い物の仕方を改善することです。
簡単に言うと、環境に配慮し、社会に貢献しようと努力している企業の商品を優先的に買ってあげることが大切です。逆に言えば、そうでない企業の商品を買わない、ということです。消費者は、持続可能な社会に貢献しない企業は、

早紀　社会から淘汰する。そうした意識が必要だと思いますね。

山本　やっつけちゃうんですね（笑）。でも、どうやってそれを調べるんですか？ 1つは、現在、いわゆる一流企業の多くが、「企業の社会的責任」の報告書というのを自主的につくって、自社のホームページなどで公開するようになりました。

> 「企業の社会的責任（Corporate Social Responsibility：CSR）」。各企業が出す、それに関する報告書を、「CSRレポート」とか、「CSR報告書」と呼ぶ。また別称が付けられていることも多く、「環境報告書」「社会環境報告書」「サステナビリティ・リポート」「持続可能性報告書」など、企業によって名称はさまざま。

早紀　一応、それを読んでみるのが最初にするべきことだと思います。
山本　それは、信用できるんですか？ ……自分の会社のイメージをアップするためのただの宣伝じゃないんですか？
早紀　そうした問題があるため、私の団体、NPO法人・宇宙船地球号は、企業が、

イメージアップのためにやっているのか、あるいは本気で「企業の社会的責任」をやっているのかを見抜くため、試行錯誤の末、企業のランクづけを行っています。

具体的には、どれくらい「第三者機関」からの監査を受け入れているか、という部分だけを見て「企業の社会的責任ランキング」をつけています。要するに、自分の会社のことを「うちは、こんなに素晴らしいことをやっています」と書いてあっても、それが本当かウソか、わかりませんよね？全くわかんないです。信用できません。

早紀　ですが、全く利害関係のない、国際的な組織などが、その会社に入り込み、監査を行っているなら、それは信頼してもよいかと思います。

宇宙船地球号は、そうした「第三者機関からの監査」をどれだけ受け入れようとしているか、という各企業の「姿勢」を見て、ランキングをつけています。

なお、当たり前ですが、うちの団体は、調査対象となっているいかなる企業からも、お金を受け取っていません。完全に中立な立場で、各企業の評価を行っています。

早紀　へぇー、それって、ホームページで、無料で見られるんですか？

山本　はい。*2012年版に関しては、ホームページ上で、パソコンでも、携帯電話

＊　NPO法人・宇宙船地球号「企業の社会的責任ランキング（CSRランキング）」
　　……http://www.ets-org.jp/csr/

早紀 でも、スマートフォンでも、見られます。

山本 ただ、うちの団体がつくった「企業の社会的責任ランキング」は、あくまでも企業の善し悪しをどうやって調べたらいいかわからない初心者の人が、最初に参考にするためにつくったものです。

本当は、ひとりひとりの消費者が、各企業の環境配慮度や社会貢献度を判断し、自分なりにランクをつけられるところまで、「成長」していってほしい、というのが、当法人の本当の願いです。というわけで、あくまでも最初の段階での「参考の1つ」として使ってみてください。

③ 日本でやること——③ 企業の社会的責任

山本 日本でできることの3番目が、普通に日本の会社に就職して「企業の社会的責任」を推進していくことです。

消費者として商品を買い、外から企業を変化させていこうとすることも重要で

早紀　すが、会社員となり、企業を中から変えようとすることも大切です。現在の「企業の社会的責任」は、正直なところ、やはり企業のイメージアップのために行われている側面が強いため、そうではなく、それを本物にしていこうと努力する人が、各企業の中にも必要だと思います。

山本　たしかに。そう思います。

早紀　ともかく、利益の追求だけではなく、環境に配慮し、世界の持続可能性を実現し、人権にも配慮する。そうしたことを実施するには、やはり会社の中に、そうした意識をもつ人が増えていく必要があります。また、会社の中で行う「企業の社会的責任」が重要な理由は、その取引先にも影響を及ぼすからです。

山本　取引先？

早紀　わかりやすいように、具体的な例をあげますね。携帯電話を、日本で一番つくっている会社は、電子機器メーカーの最大手のA社です。つくるには、レアメタルが必要です。A社は、自分ではレアメタルを掘り出したりしていませんので、商社のB社がそれをアフリカのコンゴ民主共和国から中国経由で輸入し、A社に渡します。

　お話ししたように、コンゴ民主共和国では、児童労働や環境破壊が行われ、反政府組織の資金源になっているわけです。このような、「取引（お金の流

早紀　「れ)」がある時、途上国の状況をよくしていく方法が、実は、あります。

山本　まず、A社が、本気で、「世界をよくしたい」と思った場合、次のような方法があります。まず、自社内で、環境配慮や社会性への配慮を十分に行った後に、取引先の会社たちにも、それを要求しよう、ということです。こうした運動が、最近、日本の経済界で起こっています。
例えば、業界最大手のA社の部長が、B社に、こう言うのです。
「うちの会社は、もう、環境に配慮しない会社とは、つきあわないことにしました。人権侵害をさせている企業などとも、いっさいつきあわないことにしました。B社さん、まさかあなた、そんなこと、していませんよね?」

早紀　こわーーっ!

山本　B社の担当者は、当然こう言います。
「は、はい。うちの会社も、企業の社会的責任を導入しておりますから、もう、そんなことをやっていません」

早紀　と……どめっ!?

山本　「それは、わかっています。ですが、B社さん。あなた、まさか、児童労働や

山本　山本さんの一人芝居（笑）。

「わ、わかりました。その件につきましては、至急確認し、後ほど報告させていただきます」

山本　B社は、あわてて、こう言います。

こうして、B社は、大手のA社からの取引が打ち切られないように、途上国にある、レアメタルの採掘を行っている中小企業に、児童労働をやめさせ、環境破壊をやめさせるように手を打つ、ということです。

早紀　えぇーっ、そんなうまくいくんですかぁー？

うまくいかせる、方法があります。1社だけでこれを言い出して、児童労働をさせている中小企業を使わなくなっても、利益だけを追求するほかの企業が、取引を続けてはうまくいきません。児童労働のほうが、大人を使うより賃金が安く済むので、そこからレアメタルを買うほうが安くあがるからです。

ですので、業界全体で統一された方針を打ち出し、いっせいに、携帯電話などをつくっている世界中の企業が、同じように児童労働を禁止すれば、うまくい

早紀　ふーん。く可能性があります。

> 世界経済フォーラム（ダボス会議）。一流企業のトップと各国首脳が集結する。社会における変革を起こす場になる場合がある。功績としては、以下がある。①1999年、グローバル・コンパクト（企業における、人権・労働・環境・腐敗防止に関する10原則）の策定に貢献した。②2000年、ワクチンと予防接種のための世界同盟（GAVIアライアンス）の創設にも寄与した。

❹ 日本でやること──④ 募金の注意点

山本　話は変わりまして、日本でできることの4番目は、募金です。募金をする場合は、3つ注意をする必要があるんですよ。世の中にはよい人もいますが、そうでない人も同じ数だけいまして、「募金をしたい」と思う人の

早紀　心を利用して儲けようとする人もいます。

山本　儲け？

早紀　暴力団とか、怪しげな新興宗教団体などが「○○○○に募金をお願いします」などと言って、大きな駅の駅前で「白い箱」を持って、募金を募っている場合があります。要するに、駅前などで募金をしている団体の中に、「偽物」も交じっている、ということです。

山本　ショック……。

早紀　もしも本当に役に立つ募金をしたい場合、次の3点に注意する必要があります。
1つ目は、所属がはっきりしない組織には募金をしないことです。募金をするなら、必ずその団体のホームページなどを見て、携帯電話ではなく固定電話番号があるかどうかを確認し、かつその固定電話番号に電話して、人間が出るかどうかを確認し、その団体の活動に関する質問もし、まずは「実在するかどうか」を確かめることが、最低条件ではないかということですね。

山本　たしかに……。ふむふむ。

早紀　2つ目は、その団体が募金するに値するかどうかを、どうやって判断するか、ということです。まず、その前に、国際協力団体の種類の話です。国際協力団体には、国連系、政府系、民間系がある、と言いましたね？

早紀　はい。

山本　このうち、国連系と政府系は、どちらも各国の国家予算から、それなりの量のお金をもらっています。つまり、私たちの税金で、基本的に運営されているわけです。よって、募金をしてあげることが、より必要なのは、税金からお金が出ていない民間の組織ということになります。
ところが、すでにお話をしたように、NGOは日本だけで100万以上ありますが、大学のサークルのように、ある日ぱっと生まれて、翌日には消滅しているような団体もたくさんあります。

早紀　消滅しちゃうんだ……。

山本　そういう意味では、NPO（特定非営利活動法人）の法人格をもっている団体のほうが、都道府県に住所が登録されており、事業報告と収支報告を行っているぶん、ただのNGOよりは信頼ができるのではないか、と私は思います。
また、いずれのケースにしても、団体のホームページのかなり目立つところに、毎年の事業報告と収支報告が貼ってある団体のほうが、信頼性が高いと思います。それが貼ってなければ、その団体が、どのようにお金を入手して、どのようにお金を使っているか、全くわからないわけですから。募金をしても何に使われるか、さっぱりわからないことになります。

早紀　たしかに……。それは怖い！

山本　3つ目が、人件費と経費の割合です。ある有名な国際協力団体は、人件費に大量のお金が使われていて、理事たちが、それぞれ年収で1500万円くらいもらっている団体もあるんですね。

早紀　それって、理事の皆さんに募金しとーってことやんっ！

山本　さらに、事務所が東京の一等地にあって、事務所の家賃が高額で、そのためにお金が使われているとか。このように人件費や事務所の家賃に、団体の予算の3割以上が使われてはいけないと、日本では一般的にいわれています。国際協力団体と標榜するからには、7割は途上国の支援活動に使われるべきだと。

早紀　アメリカの場合はもっと厳しくて、5％未満に人件費や事務所の経費を減らすべきだといわれています。3割でも多い気がするんやけど……。

⑤ 日本でやること——⑤「つなぐ人」

山本　日本でできることの5番目は、「つなぐ人」になることです。
国際協力をするには、「考える人・つなぐ人・やる人」の全てが必要です。
途上国の現場に行って、「やる人」の立場で活動する人が、一番偉いわけではない、という話をしました。
というわけで、もし、あなたが国際協力をやりたい場合は、例えば日本で、途上国の支援をしているどこかの団体に入って、なんらかの手伝いをさせてもらう、ということが有力です。
広報、会計、募金をする、人材の募集、外国語から日本語への翻訳、その逆。いくらでも仕事はあります。特に広報の仕事は、自分のブログやツイッター、フェイスブックなどをもってさえいれば、応援している団体の宣伝や、途上国の悲惨な現状のニュースなどを流せますので、簡単に協力できる、ということになります。

早紀　それなら、今すぐ、あたしでもできる！
あとは、国際協力関係のイベントが、時々開催されているので、その時、協力

早紀　そういうの好き！ あたし、人と触れ合うのが好きなので。

している団体のイベント・スタッフとして働く、というのもあります。毎年秋に主な国際協力団体が東京の日比谷公園に集まる、「グローバルフェスタ」というのがあるのですが、そこで手伝いをしたり、いろいろな人と知り合ったりするのがお勧めです。関西や名古屋などにも、似たようなのがあります。

⑥ 日本でやること——⑥本や現地報告会

山本　日本でできることの最後は、やっぱり、勉強することですね。

早紀　現状を知るということですね。

山本　世界にどんな問題があるか、ということを知ることと同時に、それを解決するために、それぞれの団体が、どんな活動をしているのかを知ることも大切です。いろいろな人が書いた、国際情勢や国際協力に関する本を読み、あとは、いろいろな団体が、「現地報告会」などと称して、時々、途上国での活動を報告するイベントを開催しています。そうしたものに積極的に参加するのがよいかと

⑦ 世界でやること——①スタディ・ツアーなど

思います。何歳になろうとも、生涯、勉強を続ける姿勢こそが、国際協力をしていく上で、最も重要なことではないかと私は思っています。

山本　以上が国内でできることですけども、次に、海外へ行く話をしますね。まず、そもそも、海外で活動をしたいのであれば、最低限、英語で意思疎通ができることが絶対条件となります。

早紀　ぐぷっ……（苦笑）。

山本　だから、英会話スクールに行ったり、英字新聞を読んだり、留学したり、外国人の友達をつくるなどして、英語が話せるようになる必要があります。

早紀　了解！（がんばる！）

山本　ま、最終的には英語力が必要なんですが、仕事レベルでしゃべれるようになる前の段階でも、参加できるような、初心者向けの選択肢が、いくつかあります。

早紀　え、なんですか、それはっ？

山本　スタディ・ツアーという、途上国への旅行です。通常は、民間のNGOなどが主催しており、東南アジアなどで、その団体が支援している学校や孤児院、病院などを見学するツアーをいいます。
1〜2週間で、15万円くらいのことが多いと思います。環境問題を視察する、いわゆる「エコ・ツアー」などと似ているものもあります。で、学校を訪れた場合は、途上国の子どもたちと一緒にスポーツをしたり、子どもたちに日本語や英語を教えたりするなど、「ちょっとだけ、ボランティア」をします。これを、「ちょいボラ」といいます。

早紀　ちょいボラ？　ちょいボラっ！（笑）

山本　そうです。そうした感じの旅行をするのが、スタディ・ツアーです。途上国で、子どもたちと触れ合い、ちょっとだけ国際協力のようなことがしたい場合、ある意味、このスタディ・ツアーで十分なのかもしれません。

早紀　ちょっと経験する、ということですよね……。

山本　似たようなものに、ワークキャンプ、というのがあります。こちらは一応、参加する人が主体となり、2週間なら2週間の途上国来訪の間、どのような活動をするかを自分たちで決める、より自主性の高いものだ、といわれています。

⑧ 世界に行く場合に、早紀が心配していること

早紀 途上国に行った時、危険なこととかはないんですか?

山本 あなたの言う、危険なこととは、いったい、どんなことですか? 怪我をするとか……整備されていない道路とかが多い場所だったりしたら……。

早紀 まず、初心者が参加するようなスタディ・ツアーは、普通、途上国の中でも、最も安全な地域が選ばれます。よって、緊急援助の対象となる戦争をしているような国ではなく、これから経済発展をしようとする開発援助の段階の国の中で、しかも相当安全で、ほとんど危険のないところを主催者が選ぶはずです。よって死ぬようなことは、まずありません。

山本 そうですか……?

早紀 ただし……あなたがおっしゃった、道路が整備されていない、という点に関しては、途上国では一般的に言って、ほとんどの道が舗装されておらず、田舎に行けば、信号機がないことも多いです。また、国際協力に関わった人が、死亡する原因の第1位は、ほぼ常に交通事故です。

山本 やっぱり!

山本　それ以外の危険性としては、女性の場合、「強姦」ですね。2週間程度のスタディ・ツアーでは、まずないと思いますが、2年間くらい派遣される青年海外協力隊などの場合、女性が強姦されるケースが、時々あります。私が知っている範囲だけでも、けっこうありますので、女性は、（派遣された国や地域によっては）午後6時から朝6時までは、絶対に外出しないとか、必ず2人以上で行動するとか、人通りの少ない道を通らないなどの、一般的な注意を守る必要があります。

とは言っても、最初のうちは守るのですが、数か月過ぎると、悪い意味で慣れてきてしまって守らなくなるのですよね、人間は。

早紀　……（身を固くしている）。

山本　あとは、病気です。途上国では、生野菜には寄生虫がほぼ100％ついています。だから、短期間の滞在の場合は、火を通した野菜だけを食べたほうがよいです。長期間滞在し、どうしても生野菜を食べたい場合は、野菜を徹底的に洗ってから食べる必要があります。

また、現地の人が飲んでいる生水の中には、私たちが飲むと、下痢をしてしまう微生物が、入っていることが多いです。

早紀　私が心配していたのは、それです。

山本　ですので、私たちが途上国に行って、水を飲む場合は、短期間の派遣の場合は、首都で買ったペットボトルのミネラル・ウォーターを田舎まで持っていって飲むのが妥当です。ミネラル・ウォーターが手に入らない場合は、煮沸した後に、さらに濾過した水を飲むのが原則です。最低でも、水を煮沸してから飲むのは、絶対条件だと思っていたほうがよいです（ただし、国によっては、水に塩素タブレットを入れればOKとされている地域もあります）。

あとは、アフリカなどに行く場合は、マラリアの予防薬を飲んだり、黄熱病などに対する予防接種を、多数打ったりすることが必要になります。

早紀　……（それすらも、嫌そうな顔をしている）。

山本　こうしたさまざまなリスク（危険性）を心配される場合は、国際協力を日本の外で行うことは、やめたほうがよいかもしれません。

あと、それ以前の問題として、国際協力に興味がある、という学生でも、いざ途上国に行かせてみると、「コンビニがない」と文句を言う人がわりといます。

早紀　コンビニ……（笑）。

山本　東京では、100メートルおきにコンビニがありますが、途上国にはありません。それどころか、そもそも電気も水道も、トイレもシャワーもない。ネットも使えません。そうした認識がないまま「国際協力をやりたい」という若者が

山本　増えていることが、その面倒を見る側の間で、問題になってきています。ともかく、（国際協力をする以前に）途上国では「ただ生活をしていくだけで大変」ですから、「全ての人が海外での国際協力ができる」とは、思わないほうがいいです。

早紀　（日本国内での）国際協力をできる範囲でやったほうがいいってこと？

山本　そのほうが、現実的だと思いますね……。それはそれで、1つの立派な生き方ですから。現地に行った人のほうが、偉いってわけじゃ決してありません。ただの「自分探しの旅」をしているだけの人も多いですし。

早紀　だと思う……（笑）。

山本　日本にいても立派に国際協力している人はいっぱいいます。例えば、さっき言った、「国内でできる6つのこと」の中から、3つ以上のことをやっているのであれば、本当に立派だと思います。

早紀　たしかに……。

⑨ 世界でやること──②青年海外協力隊など

山本　もしも、スタディ・ツアーに複数回行った結果、「これは本当に面白いわ。もっとずっと続けていきたい」と思い、また、「途上国での生活、私はけっこうだいじょうぶ」と思うのであれば、長い期間、海外に行く方法があります。それが、何度か登場してきた、日本政府の運営している青年海外協力隊です。

早紀　出たっ！

山本　日本政府が渡航費や生活費を全て出してくれて、おまけに2年間、事実上の給料まで支払ってくれます。さらに、事前に英語などの語学を2か月も（無料で）教えてくれて、現地で必要な「技術」も教えてくれます。

早紀　うらやましいっ！

山本　国際協力をやりたいなら、お勧めで「お得」なのが、青年海外協力隊です。

早紀　あたし、それ受けるっ！ お得だもんっ（笑）。

山本　ただ、倍率が2011年現在、2〜3倍なので、応募すれば必ず合格するわけではありません。一度落ちても、2〜3回は受けてみましょう。どうしても合格できそうもない場合、NGO*のインターンなどに応募してください。

＊　国際協力NGOセンター（JANIC）NGOインフォメーション
……https://www.janic.org/blog/information_category/recruit/

早紀　あ〜！　それ、無給のですよね。

山本　そうですね。でも、青年海外協力隊よりも「現地の人々にとっては、より有益な活動」をしている団体も多いですから、そうしたNGOからの募集も、目を通しておくことをお勧めします。ちなみに、青年海外協力隊を筆頭に紹介したのは、「あなたにとって、経済的により有益な選択肢」だからです。

早紀　了解です。

⑩ 世界でやること——③ 休日などにNGO

山本　NGOの話が出たので、ここで話してしまいますが、一生、国際協力を続けたい場合、最も現実的な選択肢の1つが、まずは通常の会社員などになって、平日の日中は、普通に仕事をし（給料を会社からもらい）、平日の夜や土日などの休日に、自分が支援したいNGOの活動に（無給で）参加する、というものです。また、その団体で長期的に働き、信用ができた頃には、会社の有給休暇の枠を使って1週間以上の休暇をとり、年に1回くらいは、途上国の現場に行

早紀　でも、NGOは、無給なんですよね？

山本　無給か、もらえても月給10万円以下が多いです。日本の場合の話ですが。ですが、後で詳しく話しますが、高額の給与がもらえる国連職員や、日本政府の職員は、非常に倍率が高く、それに雇われる確率は、けっこう低いです。応募しても、倍率は、20倍くらいですから。

早紀　あ、そりゃ無理だわ……(笑)。

山本　というわけで、より現実的な選択肢を考える場合、普段は普通の会社員をやって(自社の企業の社会的責任の推進に励み)、夜とか土日にNGO的な活動をする、というのが、最も実現性が高い、ということです。

⑪ 世界でやること──④国際協力機構に就職

山本　ここからは、本物の「プロ」として、国際協力をしていく道を、紹介します。要するに、国際協力に関わる組織に就職し、生活費をその組織からもらいなが

早紀　ら、途上国などへの援助活動をしていく、ということになります。まずは、日本政府の外務省に所管されている国際協力機構（ジャイカ）への就職を説明します。ここに就職できれば、永久就職となり、かつ、国家公務員と同じ待遇を得られます。待遇というのは給与、年金、保険、有給休暇などをいいます。そのほか、能力給が加算されたり、僻地手当・危険地手当などがあったりするため、通常の国家公務員よりもだいぶ給料が増える場合もあります。

山本　ジャイカの職員に応募するには、何か資格とかいるんですか？

早紀　大卒（4年制の大学の卒業）が必要です。

山本　あと、英語はしゃべれたほうがいいです。

早紀　やっぱり、英語ね。

山本　また、ジャイカは、今後は、旧フランス植民地が多かったアフリカに力を入れる方針なので、フランス語もできると、雇われやすいと思います。

早紀　英語にフランス語……。あたしは（日本の）標準語もあやういのに（笑）。

山本　というのがジャイカですね。国際協力の世界で、ほぼ唯一といってもいいくらいの永久就職の場所です。ほかの組織は、（国連も含めて）ほとんどが1年とか2年とかの期間限定の雇用が多いです。また、ジャイカの平均年収は850万円くらいですから申し分ないと思います。

＊　国際協力機構（ジャイカ）「採用情報・人材募集・研修」
　……https://www.jica.go.jp/recruit/

早紀　ひゃ～！　申し分ないです……生活できて、安心して活動できるということですね……。

山本　あと、ジャイカなどから、途上国を援助するプロジェクトを受注して、代わりに実行する、技術者などの集団を、「開発コンサルタント」といいます。

早紀　開発コンサルタント？

山本　こちらは、株式会社などの形態で運営されている組織ですが、ここに就職するのも有力です。日本工営、コーエイ総研、国際開発センター、ICネット、オリエンタルコンサルタンツ（旧PCI）などが有名ですので、職員を募集しているかどうか、時々ホームページを見たほうがいいと思います。

早紀　株式会社が、国際協力やったりするんだ……。驚きました。

⑫ 世界でやること──⑤ 国連JPOへ

山本　最後に国連です。国連が、一番就職が厳しく、大学院修士が、ほぼ絶対必要です。国連職員になるには、

*1　国際キャリア総合情報サイトPARTNER（JICA）
……https://partner.jica.go.jp/

第8章 あなたにできることは何か？

早紀

① 35歳までに、
② 大学院修士をとって、
③ 英語かフランス語が、ある程度しゃべれて、
④ 2年以上の社会人としての勤務経験があること、

が、必要になります。これらの条件を満たした上で、「日本の外務省から国連に、日本人の国連職員を送る制度（JPO派遣制度[*2]）」に応募すると、試験が受けられます。倍率は、2011年現在、20倍くらいです。

20倍‼（汗）　む、無理やんっ！

日本には、外務省から国連職員を送る制度がある。これを、JPO（ジュニア・プロフェッショナル・オフィサー）派遣制度という。国連職員を目指す場合、ほかにもいろいろな方法があるが、このJPO派遣制度が最も確率が高いといわれている。なお、JPOで国連に入っても2年間の任期が終わると、いったん解雇になる。このJPO制度に限らず、国連は数か月から最長2年までの短期雇用の繰り返しである。ずっと国連にいたい場合、一生、再就職のために奔走（そう）することを繰り返すことになる。再就職をしたい場合、明確な実績をもつと

[*2] 外務省国際機関人事センター……https://www.mofa-irc.go.jp/

> 同時に、人脈（コネ）をもっていることも、どうしても必要になる。日頃から、組織内のいろいろな人と仲良くし、顔を覚えてもらうことも大切である。

山本　というわけで、国連職員になるのは、よほどの覚悟と計画性（将来の学歴・職歴のキャリアプラン）をもたないと、なかなか難しいかと思います。

早紀　今の私からは、かけはなれたキャラクターだわ（苦笑）。

山本　でも、うちの団体で、ボランティア・スタッフをやっていた人が、数人、すでに国連職員になっています。最初は、「遠い存在」に思えても、進んでいくうちに、道は見えてくるものです。例えばまず、

① 大学卒業後、普通の企業に勤務し、社会人経験を2年以上経て、
② 次に、*青年海外協力隊に応募し、2年間途上国へ行き、
③ 帰国後に、それまでに貯まったお金で海外の大学院へ留学。
④ 修士をとったところで、ダメもとで国連職員に応募する。

という道のりを進むことが、1つ考えられます。④で国連職員になるのに失敗しても、日本政府のジャイカや、開発コンサルタント会社に応募し、それもダメなら、一般企業に戻って「企業の社会的責任」を推進する、あるいは、休日

---

* 青年海外協力隊での2年間の活動は社会人経験として認められる。また、国連ボランティア（UNV）という制度もある。……https://unv.or.jp/

山本 にNGOでがんばる、もしくは自分で社会的企業をつくる、というのが、考えられます。
早紀 そっか。少しずつ進んでいき、あきらめないことが必要ですね。
山本 そうですね。そして、以上のいずれの結果になったとしても、それまでの経歴は、無駄にはならないと、私は思います。

⑬ 世界でやること──⑥ 社会的企業

山本 最後は、「企業」として、国際協力を行うケースを紹介します。
ここまでに、すでに2つ登場したのを覚えていますか？
① 開発コンサルタント会社と、② 企業の社会的責任！
早紀 正解です。
山本 イェーイ！
早紀 企業として国際協力を行っているケースは、ほかにもいろいろあります。
山本 途上国などの「社会問題」を解決するために、事業を行っていく企業のことを、

「社会的企業(ソーシャル・ビジネス)」といいます。社会的企業は、基本的には、そうした事業を始める人のことを「社会起業家」といいます。社会的企業は、基本的には、普通の企業と全く同じです。

ただし、まず会社の目標の1つに、「その国(途上国など)の社会問題の解決」が入っていて、かつ、「儲かったぶんを、必ずその国の社会問題を解決する事業に回す(社会問題解決への再投資を行い、社長や役員などの利益にはしない)」というのが、一般企業との違いだと思います。社員は、一応、給料をもらっていますので、NGOのように、ほかに収入を得る方法をもつ必要はありません(実際は、半数以上のスタッフがボランティアの場合も)。

早紀　一番有名なのは、バングラデシュにある「グラミン銀行」の活動です。

山本　どんな仕事をしているんですか?

早紀　銀行も企業の1つです。そこは、ノーベル平和賞をとっています。

山本　銀行?

早紀　へぇーっ!

山本　銀行が何をしたかというと、バングラデシュはイスラム圏で女性の社会的地位が低いんです。家庭では夫の言いなりです。そうした女性たちは、例えば、毎日、村の大地主さんが所有している牛の乳をしぼらせてもらい、1日100

山本　円をもらっています。ところが、この女性が稼いだお金を夫は奪ってしまい、お酒を買って、飲んでしまうのです。

早紀　ひどいっ！

山本　でも、途上国では、そういうことは、多いのです。で、グラミン銀行は、こうした女性たちを、貧困から脱出させる方法を考えました。

女性たちに、お金を貸してあげて、「新しく事業を始めさせてあげる」ことにしました。例えば、（村の大地主が所有している）牛の乳をしぼっても、1日100円しかもらえません。自分で牛を所有していれば、しぼった乳を町に持っていき、それを売ると、500円になるとします。そうなれば400円、収入が増えます。最初に、牛を1頭買うのに必要な費用が、10万円だとした場合、そのお金をグラミン銀行が貸してあげれば、400円増えた収入を、その借金の返済に回し、（10万円を400円で割ると250なので）250日後には、借金の返済が終わり、その牛はめでたく、その女性のものになります。以後は、女性の収入は、1日500円となり、貧困から脱出できる、ということになります。

早紀　わーっ、すごい！ でも、「夜逃げ」する人はいないの？

山本　実は、女性にお金を貸す時に、グラミン銀行は、（借金を返さないままの）「夜

早紀
すごい！　同じような立場の女性からの話なら、聞く気がするしなー。

逃げ」を防止するために、「5人組」という制度をつくり、女性たちに連帯して責任をとらせ、また、協力させる体制をつくっています。また、グラミン銀行は、彼女たちが始めた事業が失敗しては、元も子もないので、事業内容や計画の指導をします。一番多い指導方法が、「すでに成功した女性」の、その事業の「成功例」を、これからやろうとする人に説明してもらう、ということです。

> 対等の立場の人から教育を受けることは、教育効果が高いとされる。対等の立場の人のことを、英語で「peer」という。また、借金返済などに関しても、同等の立場の人からの監視（Peer Monitoring）を受け続ける。こうした仕組みが、グラミン銀行が行った事業の根幹をなしている。

山本
これによって女性の輪が広がっていき、いつのまにか連帯するようになり、そ「村における女性の権利も向上していこう」という動きが生まれてきます。

早紀 すっごーいじゃないですか!?

のうち彼女たちは、村長さんなどの村の有力者を動かし、家庭内における女性の地位を向上させることに成功する……という場合もあります。こうなると、旦那に稼いだお金を取られて泣き寝入り、ということが減る可能性が出てきます。

フェアトレード。途上国から先進国に商品を輸送し販売する場合、社会問題や環境問題、経済的搾取を起こさないように配慮し、その事業を行うこと。①児童労働・強制労働などをさせておらず、人権に配慮し、②適正な価格で商品を購入し、労働者から搾取しておらず、③森を切り倒して動植物を絶滅させたり環境問題を起こしたりしていない、などのことを遵守することが一般的である。

BOPビジネス。「Base of the Pyramid」の略で低所得層をターゲットにした事業。世界人口のうち、1人あたり年間所得が3000ドル以下の低所得者層が顧客。BOP市場は、世界人口の約6割に相当する40億人、潜在的な市場規模は日本のGDPに相当する5兆ドル。企業の利益を追求しつつ、低所得者層

の生活水準の向上も目指すような、ウィン-ウィン（相互利益）のビジネスモデルを目指す。

⑭ それぞれの団体、それぞれの方法に、一長一短がある

山本　以上が、国際協力の、一応、全てです。ともかく、まとめとして、言いたいことは、国連にしろ、ジャイカにしろ、民間のNGOにしろ、企業にしろ、それぞれの団体に一長一短があって、完璧に100％、「よいこと」をやっている組織は、「ない」ということです。
人間というのは、ひとりひとりが、半分くらいよい人で、半分くらい悪い人ですから、その集合体である各組織も100％よい活動をしているわけではない、という当たり前のことを、忘れないでいただきたいと思っています。

早紀　忘れません。私も、そう思います。

山本　……なんで、こんなことを言うのかというと、国際協力をやるために、どこかの組織に入っても、「この組織、こんな汚い部分もあるんだ」と思って、幻滅

第8章 あなたにできることは何か？

山本 してすぐ辞めてしまう人が多いことを、私は知っているからです。ですので、国際協力団体に入る前に、その団体の長所と欠点をよく知り、少々のことでは幻滅しないような心構えをしてから、活動を始めてほしいと思います。

早紀 はい!!

簡単にまとめるなら、

国連の長所は、世界中の国々が話し合いをする唯一の場であること。

国連の短所は、5大国が拒否権をもち、自分に都合の悪い決定をさせないこと。

政府の長所は、お金をあげ技術も渡し、包括的で大規模な援助ができること。

政府の短所は、自国企業の経済活動の拡大など、国益をより優先すること。

NGOの長所は、国益に左右されない、人道的な目的で活動ができること。

NGOの短所は、自己満足型の活動が多く無給のため職員が辞めやすいこと。

企業の長所は、経済合理性とのバランスの中で現実的な社会貢献を行うこと。

企業の短所は、競争社会で生き残るため、最終的には利益を優先すること。団体の性質上、という感じで、別に、どれがよくて、どれが悪いもありません。そうならざるをえない、ということです。

⑮ 自分の家庭の状況、経済状況を考慮すること

山本　最後の最後に、家庭の状況について、触れておきます。国際協力をしたくても、できないことがあります。例えば、自分自身に病気があるとか、家族が病気や高齢で、面倒をみないといけないとか、などです。結婚した場合は、配偶者の理解があるかとか、子どもの教育をどうするのか、という問題が発生します。

早紀　たしかに。でも、どうするんですか？

山本　国連や政府系は、子どもの教育に関しても、子どもを海外の任地まで同行させ、インターナショナル・スクールなどに行かせた場合、授業料の一部を負担してもらえます。でも、NGOの場合は、そうした制度はありません。こうした、自分の家族に配慮することも、国際協力には必要です。いろいろな意味において、「国際協力は1人ではできない」ということを最後に申し上げておきます。

第8章　あなたにできることは何か？──まとめ

① 日本で、電気を節約し、資源の枯渇と環境問題を防ぐ。
② 日本で、環境に配慮し社会貢献する企業の商品を優先して買う。
③ 日本で、会社員となり、自社にも取引先にも、企業の社会的責任を普及。
④ 日本で、募金するなら、存在確認、収支確認、人件費の割合を確認。
⑤ 日本で、応援したい団体の、「つなぐ人」をやる。広報など。
⑥ 日本で、勉強を続ける。本・学校・現地報告会・イベントなど。
⑦ 日本で①〜⑥をやっている人は、現地で活動するのと同じくらい偉い。
⑧ 世界に行き、スタディ・ツアーで、「ちょいボラ」をやる。
⑨ 世界に行き、青年海外協力隊かNGOインターンでがんばる。
⑩ 世界に行くため、普段は会社で働き、休日などにNGOで途上国へ。
⑪ 世界に行き、ジャイカ職員として途上国を開発。
⑫ 世界に行き、国連職員として各国が守るべきガイドラインをつくる。
⑬ 世界に行き、途上国で社会的企業を起こし、相互利益の関係へ。
⑭ それぞれの団体に長所と短所があり、完璧によい団体はない。
⑮ 自分と家族の健康状態などを考慮し、周囲に迷惑をかけない。
⑯ 人生、その時々で、無理をせず、違う形の国際協力をしていくこと。

なお、注意点としては、国立国際医療研究センターには、通常の「病院部門」と「研究部門」と「国際医療協力局」があるが、それぞれ、全く別の活動をしている。つまり、通常の病院のほうに就職してしまった場合、基本的に、国際協力の話は来ない。

ただし、看護師の場合、病院のほうで採用されても、後日、希望を出しておけば、国際医療協力局に回されることがある。一方、医師のほうは、後で、病院から国際医療協力局に回されることはないので、最初から、国際医療協力局に就職する必要がある。また、この国立国際医療研究センター国際医療協力局にいると、WHOに（一定期間）派遣されるポストが、厚労省などからの紹介で、回ってくることがある。

※参照：国立国際医療研究センター国際医療協力局
　http://kyokuhp.ncgm.go.jp/index.html

⑤ 国立感染症研究所

国立感染症研究所からWHOなどへの出向というケースもある。鳥インフルエンザ、多剤耐性結核、天然痘や炭疽によるバイオテロなどの、これからアウトブレイクする可能性が高い疾患の専門家になっていれば、派遣される場合がある。

※参照：国立感染症研究所　https://www.nih.go.jp/niid/ja/

⑥ 開発コンサルタント会社

医療系で国際協力をやりたい人には、あまり、なじみがないかもしれないが、株式会社などの形態で、国際協力を行っている団体も、多数存在する。具体的には、以下の会社などが、医療系のプロジェクトも請け負っている。

コーエイ総合研究所、国際開発センター（IDCJ）、アイ・シー・ネット、フジタプランニング、シー・ディー・シー・インターナショナル（CDC）、オリエンタルコンサルタンツなど

以上が、医療系の国際協力の世界の、「就職先」の概要である。

いずれにしても、この世界は最終的にはコネ（人脈）なので、英語、大学院修士、海外での活動経験、などの条件がそろった段階で（またはその前の段階から）、JICA関係の仕事や国連関係の仕事をしている人たちに顔を覚えてもらうことも必要だ。

普段からメールマガジンで情報を収集し、将来自分が行きたい組織のイベント（現地活動報告会、グローバルフェスタ、経験者の講演会、学会）などに出かけていき、その組織の人と接触していくことが、かなり重要である。

さらに具体的には、日本で毎年秋に開催されている日本国際保健医療学会に、お金を払ってでも参加し、自分の興味のある分野の活動をしている講師・座長・パネリストに質問などをして、顔を覚えてもらうことも大切。また、MPHなどをとるための大学院修士時代の講師や、その後半に行くであろう（国連組織などへの）インターン時代に知り合う人々なども、あなたの将来に直結してくる可能性が高い。

※巻末付録のチャートは、251ページより左開きでご覧ください。

も妥当であるが、下記のサイトから、単発で応募することも可能である。
※参照：国際キャリア総合情報サイトPARTNER（JICA）

https://partner.jica.go.jp/

②国連JPO

AE/JPO制度のことを、一般に、JPO制度という。応募条件は、英語（またはフランス語）、修士、職務経験2年以上、35歳以下である。国際機関で働いてみたい場合、このJPO制度が、最も確率が高いといわれていて、これを目指すのが、普通である。

ただし、JPOの任期は2年であり、その後、国連に残ろうと思った場合、募集しているどこかの部署に対し、自ら応募をし、なんとか採用してもらわねばならない。国連職員は、数か月から最長2年までの短期雇用の繰り返しである。一生、それが続くのだ。

よって、普通は、ある段階で、その就職の繰り返しの「いたちごっこ」をやめて、大学の講師などの、永久就職先を探す人が多いと思う。

※参照：外務省国際機関人事センター　https://www.mofa-irc.go.jp/

③厚生労働省の医系技官

厚生労働省の医系技官（厚生労働技官）などが、WHO、国連合同エイズ計画（UNAIDS）などに出向になるケースもある。ただし、通常は2年間程度。

日本政府は、WHOへ拠出金を出しているため、そのお金の力で、日本人が占めることができるポスト（役職）が、現在、WHO本部のジュネーブに、いくつかある。またUNAIDSにもポストが1つ。これを狙って厚労省の医系技官に就職する、ということも考えられる。ただし、厚労省の医系技官は、多数おり、その中で、現在、国際機関に出向になっているのは数人である。つまり、医系技官になったところで、国際機関に派遣される確率は、単純計算で数％未満である。その枠に入るには、人事権をもっている上司と、「よい対人関係」をつくる必要があるかもしれない。

※参照：厚生労働省医系技官採用情報

https://www.mhlw.go.jp/kouseiroudoushou/saiyou/ikei/index.html

④国立国際医療研究センター国際医療協力局

上記のように、国連職員も、厚労省の医系技官から国際機関に派遣されるのも、どちらも、なかなか厳しい道のため、永久就職を狙うのであれば、国際保健をやりたい場合には、国立国際医療研究センターの国際医療協力局への就職が、最も有力となる。

普段は、ここの常勤職員となり、外務省、厚労省、JICAなどから要請があると、MPH・熱帯医学修士などをもつ専門家として、途上国の保健医療政策の指導などをするためや、国際機関などの国際会議に出席するために派遣される、という形の雇用形態である。この部署の人数は47人程度で、医師が27人、それ以外は看護師・助産師などである。毎年、数人の新規職員の募集がある。だが、退職者が出た時の随時募集のため、国際保健に興味のある方は、就職条件である、国家資格・勤務年数（3～5年程度）・英語力（TOEFLなど）などがそろった後は、定期的に、かつ頻繁に人材募集のサイトをチェックしたほうがよい。

こうした途上国政府へのアドバイザーになるためには、大学院修士（公衆衛生学修士：MPH）などの専門性を証明するものがあるほうが就職に有利。

MPHをとるためには、以下の大学院が、国際保健の世界ではビッグ3である。ハーバード大学大学院・公衆衛生学講座、ジョンズ・ホプキンス大学大学院・公衆衛生学講座、ロンドン大学大学院・公衆衛生学講座。特に世界保健機関（WHO）などの国連組織に将来就職したい場合、これらを卒業したほうがよい。

日本では、東京大学などでもとれるが、最近新設されたものとしては、長崎大学大学院・国際健康開発研究科、帝京大学大学院・公衆衛生学研究科・国際保健専門家養成コースがある。

ここで、国際保健の専門家になるには、どんな「課題」について、勉強しておいたらよいか、ということについて触れる。

患者さんを直接診療するNGOの場合、途上国では肺炎や下痢、マラリアなどの感染症に対応することが多いが、国連や政府レベルでの保健政策を行う場合、必要となる知識は、全く異なる。具体的には、以下である。

まず、MPHを取得する過程で、大学院でも必ず習うことだが、医療経済学や費用対効果などの知識が必須となる。税金で運営される国の「予算」を使うからだ。また、それらを理解するために、統計学・疫学の知識も必要になる。

次いで、現在、国連の「ミレニアム開発目標」では、母子保健に重点が置かれており、また、エイズ・結核・マラリアなどの感染症に重点が置かれているが、2015年以降は、大きく方針が変わる予定である。それは、（感染症の反対語である）非感染性疾患（non communicable diseases：NCD）と呼ばれる疾患群であり、現在、これに何を含むかで、WHOなどがもめているのだが、一応、癌、心筋梗塞、脳卒中、糖尿病などの生活習慣病などである。これらは、これまでは先進国の病気だったのだが、最近、途上国でも、ものすごく増えてきているからである。

つまり、これらの専門家になったほうが、2015年以降は、WHOなどの国際機関に雇用される可能性が高くなる、といえるかもしれない。

また、さらに、日本が短期間で世界最長の平均寿命を達成できたことは国際保健の世界でトピックとなっており、その要因の1つが、「国民皆保険（universal coverage）」だといわれている。つまり、途上国に、国民皆保険を導入させること自体の専門家がこれから必要だと考えられる。

あとは、看護師の場合、助産師と保健師の資格もとっておいたほうがよい。ミレニアム開発目標で最も達成が遅れているのは、「妊産婦死亡率の改善」である。また、公衆衛生学の基本的な要素は、（看護学校などで）保健師を取得するための勉強と共通するのものがあるからである。

いずれにしても、MPHを取得したら、基本的に、①JICA専門家や、②国連JPOなどを目指すことになる。

①JICA専門家

JICAの技術協力専門家のことを、一般に、JICA専門家という。後述する、国立国際医療研究センターに就職し、このJICA専門家として派遣されるケースを狙うのが最

・タイのマヒドン大学（6か月間）　https://mahidol.ac.th/
これらにより、終了証明書（ディプローマ）を得ておく。

③現地へ挑戦

医師ならNGOしかない。看護師なら青年海外協力隊もある。

なお、日本の医師免許証は、原則として、日本でしか効力をもっておらず、ほかの国で医療行為をすることは、法律上、根拠がない。ただし、紛争の最中や、自然災害の直後などで、その国または地方自治体の医療体制が完全に崩壊してしまっている場合は、人道上の例外規定として許される場合がある、ということである。

看護師の場合も同様に、青年海外協力隊として、途上国に看護師として入っても、日本の看護師のような、いわゆる直接的な医療行為をすることは少ない（できない国が多い）。現地の看護師に教育をするか、あるいは、公衆衛生的な、保健師としての活動を要請されることがほとんどである。

というわけで、医師であろうが、看護師であろうが、いわゆる、日本で行っているような医療を行いたい場合、政府の青年海外協力隊ではなく、民間の（緊急援助型の）NGOに行くことになることが多い。医療系の活動を行っているNGOは無数にあるが、ある程度有名なところを列挙すると、以下である。

日本赤十字社の国際部、国際赤十字・赤新月社連盟（IFRC）、国境なき医師団（MSF）、世界の医療団（MDM）、アムダ（AMDA）、シェア＝国際保健協力市民の会、ケア・インターナショナル、日本国際ボランティアセンター（JVC）、HANDS、HuMA、国際看護交流協会（INFJ）など

④以上の経験の後、2つに分かれる

・NGOでずっと臨床（直接的診療）をやり続ける

途上国の現場（田舎）に行き、直接患者さんを診られるNGOが好きなら、一生NGOへ。日本でバイトをし、お金がたまったらNGOで海外へ行く。この繰り返し。これも1つの人生。医療系は人材派遣会社が日本に豊富にあり、バイトでよければ、食いっぱぐれの心配はない。あるいは、理解のある病院や医局を見つけるか。

・国連かJICAなどの政策提言・マネジメントへ移る　　（→（2））

（2）途上国の政策を変える大きな仕事をしたい

やはり給料がもらえる組織で活動したい場合、または国や世界をまるごと動かす仕事がしたい場合、国連か政府系を目指す（またはNGOの経験後、方針を変える）。ただし、私個人の意見としては、医師免許や看護師免許を取得後、いきなり政府系に入ってしまうと、全く臨床経験がないまま、その道の上層部になってしまうので、医師や看護師などであるならば、まずは、実際の現場を3〜5年は経験することを勧めておく。

就職できた場合、保健分野での政策提言とその実施のサポートなどの、コーディネート業務が多いため、直接的な医療現場からは、ほぼ離れる。

③医療器材の保守管理……点検、在庫管理、ロジスティック(運搬)など

というわけで、これからの進路を考える場合、あなたが、医療従事者系なのか？ そうではなく文系出身なのか？ また、臨床志向(直接的医療活動をしたい)なのか？ 行政志向(国や世界を変える仕事をしたい)なのか？ で、以下の4つに分かれる。

(1) 医師や看護師が、直接患者を診療する「臨床」をやりたい。
(2) 医師や看護師であるが、途上国の政策を変える大きな仕事をしたい。
(3) 医療従事者でなくても、マネジメント、財務管理、水と衛生などの専門家として、日本政府などの政府開発援助(ODA)の技術協力に関わる。
(4) 医療従事者でなくても、公衆衛生学修士(MPH)などを取得し、途上国政府へ保健に関する政策提言とその実施をサポートする。

以上の4つの、どれを目指すかで、あなたに対するアドバイスは、全く異なってくる。このチャート③では、主に、(1)と(2)について述べる。だが、(3)や(4)を狙う人にも参考になる情報があるので、一読をお勧めしておく。

(1) 医師や看護師が、直接患者を診療する「臨床」をやりたい

この記事を読んでいる人は、医学生・看護学生・医師・看護師・助産師などが多いと思われ、かつ、「医療とは直接的に患者を診療することだ」と思っていた人が多いと考えられるので、まず、このコースに進む場合のアドバイスを最初に記載する。

①最低限の資格の取得

・医師免許、看護師免許などの国家資格が必要
・その後、実務経験を(日本などの先進国で)医師なら5年、看護師なら3年以上
・英語かフランス語のいずれかで仕事ができることが必要
以上がほぼ絶対条件。

できればあったほうがよいそのほかの条件としては、助産師の免許、保健師の免許、母子保健の知識と経験(小児科・産婦人科の勤務経験)、救急室の勤務経験(とりあえず、どんな疾患にも対処できること)、集中治療室(ICU)や手術室の経験などから、最低1つ。

あとは、エイズ、感染症対策全般の知識、ワクチンに関する知識も望まれる。

意外なところでは、途上国では「モバイル・クリニック(自動車などで無医村へ行き、1日だけの診療所をやること)」があるので、自動車の免許や、自動二輪の免許。

そのほか、海外渡航経験(できれば途上国へのもの)、ボランティア経験、スタディー・ツアー(途上国にある病院の見学ツアー)への参加経験など。

②できれば、事前に熱帯医学と公衆衛生学の知識

・長崎大学熱帯医学研究所熱帯医学研修課程(3か月間)
http://www.tm.nagasaki-u.ac.jp/3months/

チャート③　世界を治す医師・地球を癒す看護師への道

　医療系の分野で、国際協力をやりたい人のために、どうすれば、それが可能となるかを、ざっと概説しておく。まず、前提を3つ、話さなければならない。

● ポイント.1

　国際協力には、基本的に、3つの枠組みがある。国連系、政府系、NGO（非政府組織）系である。このうち、国連系と政府系の組織に入った場合、開発援助が中心となり、基本的に、途上国の政府に対して、政策提言とその実施のサポートを行うことになる。その場合、狭い意味での医療である、自分自身による直接的な医療行為を行うことは、ほぼなくなる。

　もしも、どうしても、自分自身で患者を診療する医療行為をしたい場合、（直接的な医療活動を主体としているタイプの）NGOに入り、そうした活動をするしかない。

　要するに、「憧れ」の国連職員などになった場合、なれたとしても、自分で患者さんを診ることはなくなり、悪く言えば、お役所仕事ばっかりになる、ということである。医療系の人は、この点は、きちんと認識してから、将来の設計をしていただきたい。

　ただし、お役所仕事だからといって、「つまらない仕事だ」というわけではなく、世界や、国を動かしたい場合、どうしてもそうした方向で仕事をしていくことになる、ということである。またそれは、もちろん、立派な仕事である。

● ポイント.2

　医療と公衆衛生を合わせて、国際協力の世界では、「保健」という。この中に、

①「狭義の医療（臨床）」と呼ばれる、医師や看護師が直接、診療を行う行為
②子どもや妊婦への「予防接種（ワクチンの接種）」
③乳幼児、妊婦、一般成人への「健康診断（健診）」
④上下水道の普及など「安全な水」を提供する「水と衛生」

などの分野がある。「狭義の医療」とは、①の臨床を指す。だが、「広義の医療（保健）」とは、上記の全てを指す。また、②③④の内容を、「公衆衛生」といい、すなわち、「予防的な医療」である。

● ポイント.3

　上記のように、「国際保健」は、「臨床」の分野だけではないため、この分野全体を見渡した場合、マネジメントなど（後述）が専門である文系出身の人も多い。関わっている人の総数で見た場合、医師や看護師でない人のほうが多いかもしれない。要するに、これを読んでいるあなたが、文系の人であっても、以下のような分野で、人の命を救う「広義の医療（保健）」に関わることができる。

　例えば、日本が政府開発援助（ODA）を通して、得意としている分野は、下記。

①保健システム強化……マネジメント（5S、カイゼン、総合的品質管理（TQM））、政府などのガバナンス、財務管理、情報管理、人材育成、サービス向上など
②水と衛生……上水道、下水道、トイレ、水質管理、衛生教育など

①入会時にパンフレットなどの会員セットを送り、
②毎週または毎月メールマガジンなどで報告、
③年1回は事業報告と収支報告、
④活動で得られた結果を写真などの目で見える形か数字で示す。

(11) 専門的なボランティアの獲得、プロボノ

社会的な活動家に必要なのは、情報リテラシー（情報活用能力）。当初、お金がないため、最も活用されるのはインターネット。ウェブサイト、ブログ、ツイッター、フェイスブック・ミクシーなどのSNS、メールマガジンなど。自分自身で使いこなすか、あるいはその能力をもつ人をパートナーにする必要がある。

「プロボノ（Pro bono）」とは、元は弁護士が無報酬で行うボランティア活動。最近、大企業が、スキルを無償でNPO法人などに提供する、プロボノ活動を始めた。IBM、インテル、ファイザー、GAPなどがすでに実施。会計士、コンサルタント、SE、マーケティング、広報など、あらゆる業種の人が社会人（会社員など）でありながら無償で活動している。

(12) 事業の効果・結果を示す必要性

社会起業家の活動の評価

一般企業は営利目的なので、年商や収益などの数字で事業の成果を測る。だが社会的企業の場合、それが目的ではないので、「社会問題をある程度、解決に向かわせた」ということを、なんとかして数字で示す必要がある。「どうやって数字で、お金をくれる支援者に見せるか」ということが最大の問題。

はっきりした「数字」になって示せない場合、対象地域の人々にアンケート調査などを実施し、そのデータからの「質的研究（qualitative study）」で結果を出す方法もある。1つの参考になるのが内閣府の「幸福度に関する研究会報告」に書かれている指標。これらの指標のうちのいくつかを使用する方法も検討。

※参照：https://www5.cao.go.jp/keizai2/koufukudo/koufukudo.html

(13) 最後に

「自分のやりたいことって、なんだろう？」という迷いをもっている人が多いと思うが、次のことを参考に。

「最近ちょっと思ったことではなく、子どもの頃から今まで、あなたにとってずっと変わらなかったこと、きっと将来も、変わらない部分（価値）は、なんですか？」

(8) NPOバンクも活用

・日本のNPOバンク一覧　http://www.npo-joseikin.com/npo-bank/
・市民バンク　https://www.p-alt.co.jp/bank/
・未来バンク　https://mirai-bank.org/
・コミュニティ・ユース・バンク momo　http://www.momobank.net/
・ap bank Fund for Japan　http://www.apbank.jp/

(9) 助成金を獲得するコツ

たくさんの応募の中から、どうやって目立つか？
　①書類上の不備をなくす。
　②ポイントをしぼる。自分たちの事業の最大の「売り」は何か。
　③ニーズがあることを統計調査などのデータで示す。
　④何をするのかの予定を具体的に書く。
　⑤事業に必要なお金を、実例（予定）をあげて書く。
　⑥事業の効果（予定）を記載。
　⑦広告のキャッチコピーのような短い文章も使用。

助成金の申請のコツ
　①ミッション（団体の使命）は何か。何のために何をしたい。
　②目的の妥当性を説明。
　③事業（企画）の実現性。過去の実績、または専門家の協力（助言）の存在。
　④予算の整合性。計画的出費の予定。
　⑤独創性や先駆性。オリジナリティー。
　⑥社会への効果、貢献度。事業成功時の社会への波及効果、広がる可能性。

経済協力開発機構（OECD）の開発援助委員会（DAC）の評価5項目
（国際協力の世界では、以下が事業を評価する場合の基準になっている）
　①妥当性：受益者のニーズや出資者の方針と矛盾しない。
　②有効性：過去の実績。専門家の協力や試算。
　③インパクト：直接・間接的な社会への波及効果。
　④効率性：費用対効果。投入した人・物・金・技術・時間に見合う、結果が予想できる。
　⑤自立発展性：事業終了後の長期的利益。リスクが発生しても自力で修復できる。

(10) 募金や寄付を募るコツ

募金・寄付を第三者から得る方法は
　A. 効果が見えること。
　B. 払い手にもメリットがあること。
　例えば、毎月1000円払う会員になれば、

④国、自治体、NPOバンクなどにある助成金・寄付金制度を利用する。

(6) 組織形態をNPO法人にするか株式会社にするか

ソーシャル・ビジネスの現状。経済産業省の調査によると組織形態は、①NPO法人が46.7%と約半分、②営利法人（株式会社・有限会社）は約2割（20.5%）、③個人事業主（10.5%）、④組合（6.8%）など。※参照：47ページの図

【NPO法人に関する誤解】
①NPO法人は非収益活動だけでなく、収益活動も行うことができる。ただし後者には通常の企業と同じように約3割の税金がかかる。
②NPO法人も有給職員を普通に雇うことができる。ただし理事は1/3までしか（理事職としては）有給になれない。

NPO法人を選ぶと利益より社会性を追求していることをアピールできる。一般市民から寄付を募る場合も、政府や自治体から助成金をもらう場合も、NPO法人のほうが得やすい。だが特定非営利活動促進法により最低10人のメンバーが必要。

社会的企業を、①株式会社として興した場合、株券を発行して資金を調達できるが、経営方針に口出ししてほしくない場合、少人数私募債がある。②NPO法人として興した場合、似たようなものに、疑似私募債がある。具体的には、地域振興債、福祉債などと名付けられた民法上の債権。通常、身近な人からの借金。

(7) 助成金の獲得

・助成財団センター　http://www.jfc.or.jp/
・全国社会福祉協議会（全社協）　https://www.shakyo.or.jp/
・NPOWEB　http://www.npoweb.jp/
・NPO法人助成金・融資情報ドットコム　http://www.npo-joseikin.com/
・NPO法人設立運営.NET　http://www.npo-with.net/
・edge　https://www.edgeweb.jp/
・ボラ市民ウェブ by 東京ボランティア・市民活動センター　https://www.tvac.or.jp/
・ソーシャルベンチャー・パートナーズ東京　https://www.svptokyo.org/
・SOMPO福祉財団　https://www.sompo-wf.org/
・日本財団　https://www.nippon-foundation.or.jp/
・アキュメン　https://acumen.org/
・アショカ　https://www.ashoka.org/ja-jp

③インターン
- DRIVEインターン（ETIC.）　http://drive.media/intern
- 海外インターンシップ（アイセック・ジャパン）　http://www.aiesec.jp/

④交流する場、情報交換のネットワーク
- 社会起業家フォーラム　http://www.jsef.jp/
- ソーシャルエコー　http://www.socialecoo.jp/
- ソーシャルビジネスネットワーク　http://socialbusiness-net.com/
- 信頼資本財団　https://shinrai.or.jp/
- ETIC.　https://www.etic.or.jp/

(4) 事業の形成

プロジェクトの形成の手順
① 困っている人はだれか。ニーズの調査はしたか。
② その人が困っている原因は何か。問題の根本は何か。
③ そうした社会問題に対し、どんな解決（ゴール）を望むか。
④ それを解決するには、どのような複数の事業（選択肢）が考えられるか。
⑤ ④の中でも比較的効果が高く、比較的「人・物・金」が用意しやすいのはどれか。

コーチングの「GROWモデル」の応用
① ゴール（目標）を設定。
② そのために自分がもっているリソース（資源：人・物・金・情報・知識・技術など）を書き出す。自分のもつ資源だけではなく、利用できる社会の制度（助成金など）も書き出す。同時にリアリティ（現実の困難さ）も考える。
③ オプション（選択肢）を複数用意し、実現可能性と社会的インパクトで選出。
④ ウィル（意志）を確認し、1日ごとの行動日程を組む。

(5) 起業に必要な予算の算定（予測）

事業に必要なお金
支出：① 設備資金（途上国に学校を建設するなど、ずっと使う物への投資）
　　　② 運転資金（人件費、家賃などのランニング・コスト）
　　　③ つなぎ資金（助成金獲得まで、自分や友人たちで立て替える必要）
収入：① 内部資金（自己資金、会費、寄付・協賛金）
　　　② 事業収益（自主事業、受託事業）
　　　③ 外部資金（補助金・助成金、融資、株式、少人数私募債、疑似私募債）

社会的企業の利益を出す4つのパターン
① 一般市民、行政機関、地方自治体、教育機関などを顧客とし、オリジナル商品（またはサービス）を開発し販売する。
② 事業資金を捻出するため、別に収益事業を行う。
③ 個人や企業などから寄付を受ける。

チャート②　社会起業家への道

(1) まず、社会起業家って、何？

社会起業家（ソーシャル・アントレプレナー）とは、事業を通じて社会問題の解決を図るために起業する人。社会起業家が起こした会社を「社会的企業（ソーシャル・ビジネス）」といい、環境、福祉、教育などの社会的課題に取り組む事業体。

①社会性（今解決が求められている社会的課題に取り組むことを事業活動とする）
②事業性（ビジネスの形を示し収入を得て事業を継続可能とする）
③革新性（新しい社会的商品・サービスやそれらを提供する仕組みを開発する）

(2) 起業のタイプと起業までの過程

3つの始める形
①大学生の仲間たちなどで任意団体として開始し、少しずつ活動を広げ、将来的にNPO法人取得を狙う。ともかく始めるケース。
②大学時代にインターンシップで社会的企業などにて働き、経験を積んでから卒業後に起業を検討するケース。
③一般企業で社会人経験を積みながら、NPO法人を設立し、土曜・日曜などに活動する「週末社会起業家」になる。

社会起業家になっていく過程
①学生時代に人生をかけてやりたいテーマ（解決したい社会問題）を決定
②情報を収集し、過去に解決しようとした（他団体の）事例を研究
③社会起業家支援（育成）団体や大学の講座を受講
④すでにある社会的企業でインターンかボランティアを数か月程度
⑤まず小規模に余暇と週末で起業
⑥法人化し事業拡大へ

(3) 起業する前に、まず知識・情報を入手

①セミナー・講座
・社会起業塾イニシアティブ　https://kigyojuku.etic.or.jp/
・東京都中小企業振興公社　https://www.tokyo-kosha.or.jp/
・東京財団政策研究所　https://www.tkfd.or.jp/

②スクール
・社会起業大学　https://socialvalue.jp/
・ソーシャルビジネス大学（ソーシャルビジネスネットワーク）
　http://socialbusiness-net.com/contents/contents-3

②政府機関

以下は、JICAの多様な就職場所。
- **JICA職員（大学新卒）**……毎年30名程の募集。だが年によって大きく変動。
- **JICA職員（社会人採用・期限付職員採用）**……即戦力が雇われる。
- **JICA専門家（技術協力専門家）** ※参照：第3章⑥
- **国際協力専門員**……普段はJICA研究所、国外ではJICA専門家。プロ中のプロ。
- **ジュニア専門員制度**……JICA専門家の養成コース。
- **企画調査員**……青年海外協力隊後、途上国で案件の発掘など。大学院修士必要なし。現地経験だけあればいい。
- **国際協力推進員**……都道府県、市町村に勤務。2～3年で任期終了。
- **青年海外協力隊の研修施設**……福島、長野。これも有期の雇用。
  ※参照：JICA 採用情報・人材募集・研修　https://www.jica.go.jp/recruit/
  ※参照：国際キャリア総合情報サイトPARTNER（JICA）
  　https://partner.jica.go.jp/
  ※参照：青年海外協力協会　http://www.joca.or.jp/

ともかく、青年海外協力隊に行くと、後は道が開けやすい。例えば、協力隊帰国後、（以上の制度から）奨学金をもらって、大学院修士をとり、そこでJICA職員を狙うか、さらにジュニア専門員制度を受けて、将来のJICA専門家を目指すことなどが一例となる。

③民間組織

以下は、民間での就職先。
- **NGO／NPO法人**……月給10万円以下が多い。国際大型NGOだと20万円以上。
  ※参考：国際協力NGOセンター（JANIC）　https://www.janic.org
- **開発コンサルタント会社**……ODAの下請け。ハード（建築・インフラづくりなど）とソフト（教育・医療などのシステムづくりなど）がある。
  ※参考：国際キャリア総合情報サイトPARTNER（JICA）
  　https://partner.jica.go.jp/
  ※参考：国際開発ジャーナル社 国際協力Station　https://www.idj.co.jp/
- **一般企業でCSR（企業の社会的責任）** ※参照：第2章⑧
- **金融機関などでSRI（社会的責任投資）**
  ※参照：日本サステナブル投資フォーラム　https://japansif.com/
- **社会的企業の社員（社会起業家）** ※参照：チャート② 社会起業家への道

民間組織の中では、開発コンサルタント会社がお勧め。普通の株式会社、または公益法人などなので給料が普通にもらえる。正職員になれるかどうかは状況次第。

最後は、CSRとSRIである。CSRは企業の社会的責任で、経営・環境・社会性のバランスのこと（※参照：第2章⑧）。SRIは社会的責任投資で、CSR的な優良企業に優先して融資・投資をすること。社会人として、世界に貢献していく、最も堅実な道だ。

(4) プロの国際協力師へ

ある有名な団体に入ろうという考え方はお勧めしない。ある分野のプロになることをお勧めする。通常、そのある分野は、国連にも政府系にもNGOにも、あるはずだ。よって、その全ての組織に履歴書を提出することをお勧めする。それぞれに一長一短があり、ここがベスト、というところは存在しない。

①国際機関（国連、世界銀行、IMFなど）

以下は、国際公務員（国連職員など）を狙うための方法。

- **AE/JPO制度**
  英語（またはフランス語）、修士、職務経験2年以上、35歳以下。
  ※参考：外務省国際機関人事センター　https://www.mofa-irc.go.jp/
- **国連ボランティア**
  国連公用語のどれかを話せること、大卒、職務経験5年以上、25歳以上。
  ※参照：国連ボランティア計画（UNV）　https://unv.or.jp/
- **国連インターン**
  大学院修士時代の経験に。情報収集とコネ取得。
  ※参考：国際連合広報センター　https://www.unic.or.jp/
- **採用ミッション**
  各機関が、その時点での即戦力となる専門家を雇う。
- **国連競争試験**
  国連に入る最も普通の方法。政治・経済系の分野の募集が多い。
  ※参照：UN Careers　https://careers.un.org/
- **国連事務局ヤングプロフェッショナルプログラム（YPP）**
  超エリートコース。UNESCO、UNDP、ILO、OECDなどが募集している。
- **空席募集**
  ※参考：reliefwebによる人材募集　https://reliefweb.int/jobs
- **ロスター登録**
  外務省の国際機関人事センターが空席情報を通知。
- **官僚からの出向**
  国家公務員（官僚など）として省庁で働いている部署から、国際機関へ派遣。

結論から言うと、AE/JPO制度（JPO試験）が最有力。まずこれを目指すのが普通。日本人の国際公務員を増やす制度のため、ほかの国の人は応募できないから合格する確率が高い。倍率は20倍くらいだが、これでも国連競争試験などより確率がよい。

②海外での勤務経験

・青年海外協力隊

最もお勧め。20〜39歳。健康が条件。倍率2〜3倍なので何度も受験。

※参照：JICAボランティア　https://www.jica.go.jp/volunteer/

・国連ボランティア

25歳以上。社会人経験が5年以上あればこちら。仕事内容は国連職員に匹敵。

※参照：国連ボランティア計画（UNV）　https://unv.or.jp/

・在外公館派遣員制度

高卒で可。語学が堪能なこと。事務仕事。大学在学中でも可能。

※参照：国際交流サービス協会　http://www.ihcsa.or.jp/

・在外公館専門調査員

修士が必須。途上国の日本大使館でその国の経済・政治・文化などの調査。

※参照：国際交流サービス協会　http://www.ihcsa.or.jp/

・NGOの海外インターン

給料は安いか、ない。しかし、青年海外協力隊に何度も落ちたらこちらへ。

※参考：国際協力NGOセンター（JANIC）　https://www.janic.org/

いずれもダメだった場合、地方自治体の国際交流協会、派遣会社から政府系機関（JICAやJICA研究所（旧・国際協力総合研究所）など）への派遣勤務、NGO/NPOの国内事務所ボランティアを行い、情報収集して、チャンスを待つ。

※参考：国内・海外のJICA拠点　https://www.jica.go.jp/about/structure/

③大学院へ行き、専門性（修士）の取得

・日本の大学院へ（お金と時間がない場合、通信教育制度もある）

※参考：国際開発機構（FASID）など多数　https://www.fasid.or.jp/

※参考：日本福祉大学大学院（通信制）　https://www.n-fukushi.ac.jp/daigakuin.htm

・海外の大学院へ（その前に、奨学金制度の把握）

お勧めの大学院は、アメリカでは、コーネル大学大学院、デューク大学大学院、ハーバード大学大学院、スタンフォード大学大学院、ジョージタウン大学大学院など。イギリスでは、ロンドン大学大学院SOAS、ロンドン大学大学院LSE、ケンブリッジ大学大学院、マンチェスター大学大学院、サセックス大学大学院など。

※参考：奨学金については→日本学生支援機構　https://www.jasso.go.jp/

・JICAによる研修システムを利用

JICAでは、将来途上国での活動を希望している人を対象にさまざまな研修を実施。以下のサイトは、一通り、目を通したほうがよい。奨学金も獲得できるかも。

※参考：国際キャリア総合情報サイトPARTNER（JICA）　https://partner.jica.go.jp/

・アジア経済研究所開発スクール（IDEAS）から、海外の大学院へ

国際協力の中のどの分野に行くか、まだ迷っているようであればIDEASへ。

※参考：IDEAS　https://www.ide.go.jp/Japanese/Ideas/

(2) 学生時代にやること ── 英語力と国際協力の実際を見る

①英語
　国際的な活動に英語は必須。TOEIC、TOEFLを受験。
②大学時代のインターン（企業またはNGO）
　学生時代に、一般企業とNGOの両方でインターンを経験するべし。
③スタディー・ツアー
　国際機関、政府機関、民間組織のそれぞれに参加。途上国で行われている各団体の活動を見学させてもらう。通常、15万～25万円、2週間前後の日程。これらを見つけるには (1) のメールマガジンとホームページを活用する。
④ボランティア
　興味のある分野の活動をしているNGOなどに参加。海外に1か月程度行きたい場合は、インドのマザー・テレサの家、タイのナンプー寺などが有名。
⑤第2外国語
　英語はしゃべれてあたり前である。もう1つ、国連公用語が話せたほうが就職に有利。フランス語、スペイン語、ロシア語、中国語、アラビア語のいずれか。JICAがアフリカに力を入れているため、植民地時代の宗主国のフランス語がお勧め。

(3) 大学卒業後の道 ── 社会人経験と海外勤務と修士

　3つに分かれる。いずれが先でもよいが、やはりまず、日本での社会人経験を勧める。日本社会の常識・礼儀がない人は、海外に行っても通用しないことが多い。

① 2年以上、できれば5年の日本での社会人（正社員）経験

　2年というのは、国連JPO試験（※参照：(4) ①）の必須項目のため。5年というのは、国連ボランティア（UNV）に参加可能になるため。なお、会社に行きながら、以下の講座なども受講し、スキルを身につけていくことを勧める。
・会社などで、社会人としての常識・礼儀を勉強する。
・仕事を通じて、コミュニケーション・スキルを養う。
・企業の社会的責任（CSR）を勉強する。　※参照：第2章⑧
・社会的責任投資（SRI）を勉強する。
・社会起業家（ソーシャル・アントレプレナー）に関して調べる。
　※参照：チャート②　社会起業家への道
・地方自治体の国際交流協会、外郭団体での国際協力事業を調べる。
・日本ユニセフ協会「国際協力人材養成プログラム」も受講する。
　https://www.unicef.or.jp/inter/
・国際開発機構（FASID）の研修を受講。　https://www.fasid.or.jp/
・国際協力NGOセンター（JANIC）の研修を受講。　https://www.janic.org/

チャート①　国際協力師（有給のプロ）への道

　プロとして有給で、国際協力を続けていく職業人のことを、本書では「国際協力師」と呼ぶ。国際協力師に含まれる職業としては、以下がある。

国際機関職員（国連職員など）、政府機関職員（JICA職員など）、
民間組織（NGO）の有給職員、開発コンサルタント会社社員、
社会的企業社員（社会起業家）、一般企業のCSR（企業の社会的責任）担当者など

　国際協力師になる場合、基本的に、以下の3つの条件が必要になることが多い。これらの条件の取得を目指して、自分の経歴（キャリア）を作成していくことが必要となる。

①英語力（できればフランス語などの国連公用語をもう1つ）
②大学院修士（その分野で専門性をもつことの証明）
③2年間の社会人経験（できれば、正社員として海外での経験）

(1) 情報を集める ── インターネットで情報を収集する

①総合的なメールマガジン
・国際協力マガジン　https://devmagazine.org/

②国際機関系
・国際連合広報センター　https://www.unic.or.jp/
・国連情報誌SUN　http://blog.livedoor.jp/sun_news/
・外務省国際機関人事センター　https://www.mofa-irc.go.jp/
・外務省国際機関人事センター　国際機関の概要及びホームページ
　https://www.mofa-irc.go.jp/link/link.html
・UN News　https://news.un.org/en/

③政府機関系
・外務省ODAメールマガジン　https://www.mofa.go.jp/mofaj/gaiko/oda/mail/
・外務省 ODA（政府開発援助）
　https://www.mofa.go.jp/mofaj/gaiko/oda/
・国際協力機構（JICA）メールマガジン　https://www.jica.go.jp/mail/
・国際キャリア総合情報サイトPARTNER（JICA）　https://partner.jica.go.jp/
・国際開発ジャーナル社　国際協力Station　https://www.idj.co.jp/

④民間組織系
・国際協力NGOセンター（JANIC）　https://www.janic.org/
・NPO/NGO Walker　http://www.npo.info/
・内閣府NPOホームページ　https://www.npo-homepage.go.jp/
・UN NGO Branch（国連経済社会理事会で発言権をもつNGO）
　http://csonet.org/
・UN Economic and Social Council（国連経済社会理事会で発言権をもつNGOのリスト）　https://undocs.org/E/2018/INF/5
※参照：NPO法人については、社会的企業と重なるためチャート②も参照

おわりに —— 心に刻む、2つの言葉

国際協力を続けていくには、2つの考え方のバランスが必要じゃないかと思う。

1つは、きれいごとかもしれないが、自分が「理想とする優しい世界」のイメージ。

もう1つは、現実の汚い世界に、どんなに困難な問題があっても、それを分析し、解決してゆく、「客観的で理論的な行動力」の保持。

ここで、国際協力的な活動をやってきた2人の有名な女性の言葉を紹介する。

1人目は、マザー・テレサ。コソボ（現マケドニア）出身の、カトリックの修道女。インドで、死を待つ人の家、孤児の家などをつくり、ノーベル平和賞を受賞している。

彼女の言葉は、

あなたが善を行うと、利己的な目的で、それをしたと言われるでしょう。気にせず善

を行いなさい。たとえ善い行いをしても、おそらく次の日には忘れられるでしょう。気にせず善を行いなさい。邪魔をする人にも出会うでしょう。それでも気にせず、善を行いなさい。あなたの中の最良のものを、世に与え続けなさい。

2人目は、フローレンス・ナイチンゲール。戦地で看護活動をし、帰国後、イギリスで、統計学的なデータから、衛生学の大切さを証明。近代看護学の基礎を築いた。

彼女の言葉は、

人の気持ちは、それが言葉になると、ただ空しく失われてしまう。どんな気持ちでも、行動に、しかも「結果を生む行動」に移さなければならない。

結局、国際協力を行っていくには、この「2つのこと」が必要だと思う。マザー・テレサが言っているような、多くの人の心を動かすようなわかりやすい言葉や理念と、ナイチンゲールがいっているような、具体的な個々の問題の解決能力。つまり、きれいごとの理念を心の根本にもちながらも、一方で、複雑な現実の世界で、問題を解決するために、ひとりひとりが、自分ができる仕事や役割をもち、世界にあるさまざまな問題に立ち向かっていくこと……そして、それを続けること。

私たちが解決すべきものは、現代社会の根本的な問題である、「世界の人口増加」を止めることや、「人間の自己実現の欲求」の抑制のような、ある意味、社会哲学的な問題かもしれないし、（それらがどうしても止められないのであれば）そうしたことから2次的に生じている政治、経済、教育、医療、環境の5分野に含まれる、細かい問題の中で、「現在、最も優先順位が高いもの」かもしれない。

いずれにしても、自分の心の奥底に、遠い将来に実現したいという「理想の状態」をイメージしながらも、現実世界での、今まさに必要な活動としては、客観的・論理的な判断のもとに自分の行動を選択していく、という人間としてのバランス。別な言葉で言い換えるのであれば、「総論賛成、各論反対」では、ダメということ。

「世界を平和にしましょう」というきれいなキャッチコピーに反対する人はだれもいないが、「今すぐ、原子爆弾も原子力発電もなくしましょう」というような具体的な内容になると、ひとりひとりの立場や意見があるため、まとまりはつかない。

そうした具体的な問題が生じた時、まずは、話し合いの場をつくり、問題点を細かい項目に分け、個別に議論し、長い長い時間をかけて、お互いの意見を調整していくこと、「お互いが少しずつ、折れたくないところを折れて」妥協を積み重ね、歩み寄

っていくこと。

それこそが、国際協力の本質ではないだろうか?

最後に、2人の先人たちの、もう1つの言葉を紹介し、この書を終えようと思う。

マザー・テレサは言う。

私たちは大きなことをすることはできない。
でも小さなことを、大きな愛をもってすることはできる。

一方、フローレンス・ナイチンゲールは、こう言う。

天使とは、美しい花をまき散らす者ではなく、苦悩する者のために、戦い続ける者のことである。

2012年3月　特定非営利活動法人 宇宙船地球号　山本敏晴

山本敏晴 やまもと としはる

1965年生まれ。宮城県仙台市出身。医師・医学博士・写真家・国際協力師。
1978年、南アフリカにて人種差別問題に衝撃を受ける。中学校の頃から数十か国を撮影。「本当に意味のある国際協力」について考え続ける。1990年医師免許取得。1996年医学博士取得。2000年より数々の国際協力団体に所属、アフリカや中東で医療援助活動を行う。2003年より2年間、国境なき医師団・日本理事。2004年、都庁からNPO法人の認証を受け「宇宙船地球号」を創設。「持続可能な世界」の実現を目指し、世界に目を向ける人々の育成を行う。
著書に、『世界で一番いのちの短い国』『アフガニスタンに住む彼女からあなたへ』『国際協力師になるために』(白水社)、『シエラレオネ』(アートン)、『彼女の夢みたアフガニスタン』(マガジンハウス)、『あなたのたいせつなものはなんですか?』『世界と恋するおしごと』『地球温暖化、しずみゆく楽園ツバル』『ルーマニア どこからきてどこへいくの』『HIV/エイズとともに生きる子どもたち ケニア』『お母さんへ、世界中の子どもたちからプレゼント』(小学館)など多数。

謝辞
永井真理様、中川今日子様、渡部香織様、白木けい子(咲)様、この本を制作するのに協力してくれた皆さま、本当に、ありがとうございました。

校閲 ● 小学館出版クォリティーセンター
制作企画 ● 池田靖　資材 ● 斉藤陽子　制作 ● 遠山礼子　販売 ● 小松慎
宣伝 ● 浦城朋子　編集 ● 廣野篤

「国際協力」をやってみませんか?
仕事として、ボランティアで、普段の生活でも

2012年4月16日　初版第1刷発行
2020年7月26日　　　第2刷発行

著　者 ● 山本敏晴
発行人 ● 杉本 隆
発行所 ● 株式会社小学館
　　　　〒101-8001 東京都千代田区一ツ橋2-3-1
　　　　電話 編集：03-3230-5452
　　　　　　 販売：03-5281-3555
印刷所 ● 凸版印刷株式会社
製本所 ● 株式会社若林製本工場
本文組版 ● 株式会社昭和ブライト
©Toshiharu Yamamoto 2012　Printed in Japan　　ISBN978-4-09-388229-3　NDC319

造本には十分注意しておりますが、印刷、製本など製造上の不備がございましたら
「制作局コールセンター」(フリーダイヤル 0120-336-340) にご連絡ください。
(電話受付は、土・日・祝休日を除く 9:30～17:30)

本書の無断での複写(コピー)、上演、放送等の二次利用、
翻案等は、著作権法上の例外を除き禁じられています。
本書の電子データ化などの無断複製は著作権法上の例外を除き禁じられています。
代行業者等の第三者による本書の電子的複製も認められておりません。